国家社科基金一般项目（No. 18BSH029）："来华外国人适应的社会资本逻辑及对治理的启示"的阶段性成果。

广州市哲学社科规划规划课题（No. 2017GZYB50）："社会资本视角下大都市涉外社区的生成逻辑及治理对策"的阶段性成果。

小服务，大情怀
涉外服务的广州实践

王 亮 ○ 主编
王 霞 熊美娟 ○ 副主编

XIAOFUWU DAQINGHUAI
SHEWAI FUWU DE GUANGZHOU SHIJIAN

中国政法大学出版社

2020·北京

声 明
1. 版权所有,侵权必究。
2. 如有缺页、倒装问题,由出版社负责退换。

图书在版编目(CIP)数据

小服务,大情怀/王亮主编.—北京:中国政法大学出版社,2020.11
ISBN 978-7-5620-9701-3

Ⅰ.①小… Ⅱ.①王… Ⅲ.①社区管理-研究-广州 Ⅳ.①D669.3

中国版本图书馆 CIP 数据核字(2020)第 211203 号

出 版 者	中国政法大学出版社
地　　址	北京市海淀区西土城路 25 号
邮寄地址	北京 100088 信箱 8034 分箱　邮编 100088
网　　址	http://www.cuplpress.com (网络实名:中国政法大学出版社)
电　　话	010-58908586(编辑部) 58908334(邮购部)
编辑邮箱	zhengfadch@126.com
承　　印	北京九州迅驰传媒文化有限公司
开　　本	880mm×1230mm　1/32
印　　张	8.25
字　　数	200 千字
版　　次	2020 年 11 月第 1 版
印　　次	2020 年 11 月第 1 次印刷
定　　价	49.00 元

广州的脸谱很多情

当北方大地迎来初雪的时候,广州还是高温如夏。广州居民只能看着抖音上的雪人,吃着雪糕,感受一下"冰"的魅力了。广州这个处在中国南端的城市,早在隋唐时期就是通往世界的贸易港口,具有"千年商都"的美誉。改革开放以来,广州因其地缘优势与政策加持,一跃成为中国的一线城市。人口聚集、商业繁荣;交通便利、贸易发达;文化多元、人群多样。因广州的地缘与政策优势,自20世纪80年代以来,广州就成了世界经贸往来的窗口。很多国家的外国人也乘着贸易的东风,一路破浪来到广州"淘金"。于是广州也成了外国人积聚的重要城市。据全国第六次人口普查数据显示,广东省常驻外国人约31.6万人,外国人数量居全国首位。据《羊城晚报》2016年7月16日报道,广州每天实有外国人数量在8万至12万人,高峰出现在每年举办的春、秋两季广交会期间,在此期间每天流动的外国人接近12万人。

据调查,在广州居住的外国人54.1%来自亚洲、17%来自非洲、23%来自欧洲和北美、3.2%来自大洋洲、2.7%来自南美。这些来穗的外国人，在地理上基本上形成"四大中心"。（1）以广州市环市东路为中心的秀山楼、淘金路、花园酒店、建设六马路、建设大马路等一带。这一带以一些从事贸易的非洲人和欧洲国家使领馆、日本使领馆为主。（2）以天河北路为中心的体育东路、天河路、龙口西路、林和中路等一带。大部分从事贸易的日本人、美洲人、欧洲人都居住在附近。（3）番禺区一些大型、配套设施较好的楼盘如祈福新村、丽江花园等一带。这里主要以东亚、东南亚地区国家如日本、泰国、马来西亚等国人居多。（4）以三元里为中心的白云区金桂村和以小北路为中心的下塘西路、麓景西路等地。这一带主要是经营鞋类、服装生意的非洲人居住，近年来不少从事中韩贸易的韩国人也聚集在此。调查显示，在穗的黑人总量大约为 15 000~20 000 人。2006 年前后，除了常住的 2 万人，还有 6 万左右的流动人口，加起来 8 万左右。男性占比 84%，女性 16%。年龄分布上以 18 岁到 40 之间为主，占比高达 82.3%。在 300 名被调查者中，信仰伊斯兰教的非洲人占比 49.12%，信仰基督教的非洲人占比 35.09%，信仰天主教或者其他宗教的非洲人占比 15.79%。在穗的非洲人主要以商务签证为主。占调查样本量的 41.9%，其次是学习签证，占 30.28%。

这些数字呈现了一副"种族多样化、文化多元化"的世界图景，这正是广州作为国际化大城市最重要的"脸谱"特色。走在广州大街上,在熙熙攘攘的人群中,随时都闪现出不同的"脸谱",他们仿若撒在国人群体里的特别色彩,让广州这个城市更加生动。因这些"国际色彩",在广州形成了一些跨国社区(Transnational Community)。据资料显示截至2017年,广州市范围内,外国居民超过200人的社区有75个之多,这其中也不乏外国居民数量超过万人的社区。跨国社区是全球化城市的鲜明标志,也是一个城市充满吸引力与活力的重要表征。但多元化、多样化也意味着差异和冲突。因人口的多族群、多宗教、文化的多样性,跨国社区普遍存在一些认同差异、文化差异、社区团结等问题,这是国家基层社区治理中无法避免的挑战。

如何更好地服务、治理跨国社区;如何消弭种族差异与文化冲突;如何从"构建人类命运共同体"的高度来认识与治理跨国社区是一个既具有国内意义、也具有国际高度的问题。为了促进国际社区内不同族群的融合,营造和谐有序的跨国社区文化,促进国际社区的稳定团结,广州市积极探索对国际社区及外国人的多元治理模式。其中成效尤为卓著的是"引入社会组织,以服务实施治理"的服务治理模式。广州市政府通过加大公共财政在涉外人员服务中的支出力度,向社会组织购买服务,依托社会组织为广州的外国人群体提供专业的社会工作服务。其中"广州市开心社会工作发展中心"便是为外国人提供各种服务的一个卓越的社会组织。

"广州市开心社会工作发展中心"地处越秀区登峰街童

小服务，大情怀：涉外服务的广州实践

心路5号，正处在外国人积聚的四大中心之一——三元里、小北商圈的地段上。这里聚集的主要是非洲人。"广州市开心社会工作发展中心"自成立以来，一直致力于为外国人提供优质的服务、做社区治理的好参谋、好帮手。机构开展了面向广州市越秀区外国人群体的各类型服务，包括向来穗外国人的支持性服务、教育类服务、补救性服务以及发展性服务等。这些服务有效解决了来华外国人所面临的各类困难，协助他们更好地适应了异乡他国的生活。项目服务取得了良好的成效，得到了外国人的认可，也得到了国家各级领导人的关注。

这些实践既是"开心"全体工作人员的"心血"，也是宝贵的服务、治理"经验"。基于此我们策划编著了此书。书稿精选了2020年所开展服务中的"精品案例"，包括若干个案案例、小组案例，以及社区活动中的一些社区案例，予以总结与提炼。期望通过这些鲜活的案例，旨在为读者呈现广州市政府是如何依托公共服务购买，为来穗外国人提供实实在在的服务的？面向外国人群体所开展的各类型专业服务，是如何协助外国人更好适应在穗的工作和生活的？这些专业性的服务是如何协助营造和谐的涉外社区的？以及实施服务的社工是如何通过他们所开展的细致朴实的涉外服务，实现"爱心欢迎全球宾客，友善结缘世界朋友"的涉外服务的广州故事。

本书的成型得益于"开心"全体工作人员的努力，也受

益于国家政策的支持。我们期望通过本书,讲述"外国人在中国"的故事;讲好"开心"服务、社区治理的"中国故事"。

全球化浪潮依旧发展中,全球人口迁移依旧在频繁流动中。传统非移民国家内出现大量的外国人以及越来越多的跨国社区,使得我们传统的社区治理需要融入全球治理的理念。而不同国家的文化,制度等的差异,又使得我国这样的国家面向外国人的治理,容易被曲解。但服务可以超脱于意识形态争论,超脱出不同政治的争论。因此,服务就是治理,也许是诠释当今时代全球治理的核心要义,也是我国在不断开放的外交政策下治理好外国人、外国人社区的治理思路。

王霞

2020 年 11 月 20 日

目录
CONTENTS

◆ 广州的脸谱很多情 ………………………………………… 001

个案服务

◆ 家庭治疗模式介入跨国婚姻家庭问题 …………………… 003
◆ "失缘"到"结缘":叙事治疗介入来穗非洲妇女的
　社会适应 …………………………………………………… 021
◆ 理性情绪治疗模式介入焦虑困扰的跨国商人 ………… 040
◆ 增能模式助力在穗非洲穆斯林妇女的社会调适 ……… 055
◆ 游戏治疗在中非混血儿童社会适应中的运用 ………… 074
◆ 绝望到希望:社工介入贫困外国人的紧急救济 ……… 086
◆ 理性情绪治疗模式介入疫情期间的在华非洲
　留学生 ……………………………………………………… 100
◆ 危机介入模式帮扶身患重病的马里商人 ……………… 109
◆ 优势视角理论介入来华非洲留学生的职业梦 ………… 121

小组服务

- 同一个足球，同一个世界——中非青少年族际互动服务探索 …… 139
- 从文化排斥到文化适应：外籍主妇的跨文化适应 …… 153
- 从文化体验到文化认同：非洲儿童的跨文化适应 …… 164

社区服务

- 乐享广州与城市认同 …… 183
- 社区服务助力在穗非洲人的社区融入 …… 199

服务倡导与决策建议

- 加强对来穗贫困及其他困境外国人员的紧急救助的倡导 …… 211
- 构建共建、共享、共治的涉外社区治理新模式 …… 217
- 打造全球城市，统筹规划和营造涉外社区 …… 227
- 加强对来华外国人群体传染病疫情防范的建议 …… 237
- 关于疫情时期加强和改进涉外社区管理的建议 …… 247
- 后　记 …… 256

个案服务

个案工作是社会工作者遵循基本的价值理念,运用科学的专业知识和技巧、以个别化的方式为感受困难的个人或家庭提供物质和心理方面的支持和服务,以帮助个人或家庭减低压力、解决问题、挖掘生命潜能,不断提高个人和社会的福利水平。

家庭治疗模式介入跨国婚姻家庭问题

王 亮

【摘要】 本个案关注在广州的中非跨国家庭问题，以家庭治疗模式为个案介入模式，具体体现为社工针对中非跨国婚姻家庭个案所存在的家庭问题，即中非配偶在家庭生活中的观念及文化冲突，以及中非跨国婚姻中的亲子冲突等家庭问题，运用家庭治疗予以介入，帮助在穗的中非跨国家庭解决家庭问题，提升其家庭能力。

【关键词】 家庭治疗模式；中非跨国家庭；家庭问题；个案服务

随着跨国迁移现象的日渐普遍，跨国婚姻作为一种婚姻形式也日渐普遍。跨国婚姻依照其发展时期可以分为三阶段：20世纪60年代以前的萌芽期、20世纪60年代至70年代的形成期、20世纪70年代以后的发展期。在萌芽期里，男女双方经由亲友、信件的方式而缔结婚姻。20世纪60年代开始出现的国际婚姻中介业,是伴随快速工业化、城市化而来的对婚介服务需求增加的结果;其间受到科技发展的影响,如电脑择友方式的出现。20世纪70年代以后,婚姻中介所开始发展出不同的方式和服务,它们将女性对象锁定为亚洲或较贫穷的欧洲国家的女性,并且以男性顾客的挑选为主。综观上述不同阶段的跨国婚姻,可以看出这种类型婚姻具有明显的商品属性,体现为不发达国家的女性与发达国家男性的姻缘缔结。当前,随着全球一体化趋势的快速发展,世界各国之间的交流日趋频繁,人口流动的进一步加剧,传统意义上这种基于交换属性的跨国婚姻形式转向以情感吸引为基础的跨国婚姻形式,建立在情感吸引基础上的跨国婚姻(transnational marriage)也成为人们生活中常见的社会现象。

问题的缘起

在我国,跨国婚姻是20世纪70年代出现的一种婚姻现象。涉外婚姻涉及婚姻双方的文化、族群、国别等诸多差异。因此跨国婚姻,不仅是一种婚姻类型,也是一种文化现象、社会现象。资料显示,1979年,全国各地民政部门准予登记的涉外婚姻只有8460对,到了1993年猛增至32 769对。15年间增长了近4倍。[1]据《广州日报》数据,广州市在过

---

[1] 叶文振、林擎国:"福建省涉外婚姻状况研究",载《人口与经济》1996年第2期。

去几年的涉外婚姻均在 1100 宗至 1200 宗之间。其中，中非跨国婚姻是广州市诸多涉外婚姻中的一种类型。

本文以广州此类中非跨国婚姻的家庭问题为研究对象，运用家庭治疗模式介入该类型个案，探讨如何解决跨国婚姻的家庭问题技巧和对策。

一、中非跨国婚姻案例：生存理性还是情感选择

从全球化角度来看，人口的全球化流动必然促进跨国婚姻的产生。从文化角度来看，跨国婚姻也是不同族群间文化交流和文化吸引的产物。当然，跨国婚姻的产生，也与特定的社会背景密切相关。因此，探究中非跨国婚姻，也需要根植于上述情境中。

案例一：情感至上的跨国甜蜜婚姻

甜蜜的情感和两性吸引是美满婚姻的基础和前提。同样，这两个条件是缔结幸福的跨国婚姻的前提和基础。我们访谈的一些中非跨国婚姻，中方配偶与非洲配偶相依相恋，情感真挚，令人感慨不已。

吉尔伯托（化名）是个帅气的安哥拉小伙子，2011 年与朋友一起来广州购买一些家装用品，在这里他认识了现在的女朋友吕芳，吉尔伯托至今谈起初见吕芳的情形都很激动。他说当时是去吕芳自己家开的商铺购买东西，彼此一开始接触就十分有好感，可以说是一见钟情。因为吉尔伯托的假期

有限。短暂邂逅后,尽管依依不舍,他还是回到了安哥拉。然而爱的火苗一旦点燃就一发不可收拾。自相识以后,两个人开始用短信网络视频等媒介平台保持着炙热的联系,四年来,两人聚少离多,但彼此怎么也无法割舍和放下对方。最终,这对异国恋人于2015年11月决定走到一起。他们炙热的爱情也最终得到了双方家人的祝福。

不同于其他来华读书或者经商的非洲人,吉尔伯托在安哥拉有一份十分稳定且待遇优厚的工作。他在Total(道达尔)即全球第四大石油及天然气公司当工程师,月薪过万美元。然而,与吕芳在广州的邂逅,把这个帅气小伙子的心也留下了。从此一有假期,他就会赶紧飞到中国,因为在广州有吕芳,有他念念不忘的恋人。

"我们就像所有的恋人一样,遇见彼此、了解彼此并且爱上彼此,只是我们的肤色不同,眼睛有些不同,生活习惯有些不一样而已。"

吉尔伯托每工作28天,就可以有2周的休假,一旦有假期,他马上买机票来广州。年复一年,他自己都不知道坐了多少趟飞机。除了每年的相聚,大多数时间,这对跨国恋人主要靠网络等视频设备交流情感。有时候吉尔伯托回到办公室马上就打开电话,然后把手机放在桌子上,这样吕芳就能看到他在工作,空闲时两人可以聊聊天。他们的跨国恋情充满了甜蜜和幸福。

案例二：生存选择下的中非跨国婚姻

据我们的访谈，中非跨国婚姻除了情感基础上的缔结外，也有不少的中非跨国婚姻更多是出于生存理性或者功利色彩。这种以生存理性为导向的中非跨国婚姻，或者是非洲男性在华的生存策略选择，或者是中国配偶的实用心理。

库玛来（化名）自马里，在华生活有两年了，目前主要以经商贸易为主。他直言很想找个中国姑娘结婚。谈及为何想找个中国配偶，快言快语的他列出了许多好处。

找个中国配偶，一是可以解决在中国长期合法居住的问题。因为我们的签证时间短，需要一年内多次往返办理续签等，费时、费力、费金钱，而拥有一个中国配偶，无疑可以化解长期困扰我的居留时间期限这一问题。二是当前我们还面临着临时住宿登记的问题。按规定，我们这些持短期签证的，比如6个月以下这种，其实我们可以找到房子租，但是办理不了临时住宿登记，只能够租住酒店，费用太高啦。找个中国妻子，这些问题就都不是问题了。当然中国妻子，也可以教我说中文，可以帮我和客户讨价还价，也可以用她的名义注册公司，甚至购买房子，等等。总之，对于我来说，找个中国妻子，很多问题都会变得容易。

丹布（化名）同样来自马里，他和妻子胡小（化名）现在定居在广州，两人在广州买了一套三房两厅（约120平方米）。丹布十分自豪娶了个中国妻子。他的非洲朋友也都羡慕他娶了一个中国妻子。胡小熟练多国语言，精通英语、法语和中文，他们日常用法语交流，每当丹布和生意伙伴因为语言障碍而无法有效沟通时，胡小都会帮他去做好客户关系管理。丹布的朋友们经常打趣道："你的妻子非常聪明，还可以在生意上帮到你，真是中国俗语说的，'入得厨房，出得厅堂呀'。"[1]

据我们接触到的很多年轻的非洲案主反映，他们都希望能够在中国有一段美妙的跨国情缘。

与中非跨国婚姻里部分非洲男性的生存理性选择相类似的，是一些中非跨国婚姻的中国配偶，其跨国婚姻的缔结也是出于实用性的选择。

A女士今年45岁，高中学历，她的非洲丈夫是一个事业有成的商人。A女士和她的非洲丈夫结婚已有19个年头，当时A女士在广州的一个贸易档口做销售工作，因为工作的缘故，认识了现在的非洲丈夫，A女士和她的非洲丈夫生育有3个子女，他们在广州有自己的住房。他们的孩子在国际学校读书，经济富裕，每年都会有2次到3次的出国旅游。A女

---

[1] 王亮、张庆鹏：《非洲人在广州——跨境迁移者的口述史》，知识产权出版社2017年版，第9页。

士觉得自己是一个外来的打工妹,文化程度又不高,嫁给一个有钱的非洲商人挺好,尽管婚后她面临各种不适应,例如,因为非洲女性地位普遍较低,所以,在她的家庭里,也是她的非洲丈夫决定一切,她也为了婚姻信奉了丈夫的宗教,几个孩子未来的规划都是丈夫说了算,婚后她的社交也基本都是参加丈夫的朋友圈子。

这些中非婚姻里的中国配偶的无奈还有很多,当然,不可否认的事实是,跨国婚姻相比非跨国婚姻,这类婚姻面临着更多的挑战和家庭问题。

二、中非跨国婚姻的主要家庭问题

中非跨国婚姻的主要家庭问题有:家庭关系问题,包括家庭中的配偶关系以及家庭中的亲子关系;家庭脆弱性问题及外方配偶的社会文化适应问题等。

中非跨国婚姻中的家庭关系,实质上则反映了不同文化在跨国婚姻中的影响。相对于我国目前男女平等的婚姻家庭关系而言,在中非不同文化影响下的此类跨国婚姻,其家庭关系体现了如下特点:

(一)文化差异下冲突不断的配偶关系

由于文化差异,导致跨国婚姻的这类家庭,在配偶角色分工,以及日常生活中,都存在不少的冲突。

前文所提及的 A 女士的丈夫穆萨(化名),算是来华非洲商人中比较成功的。他们早期就用妻子的名义在凤凰城买了一套大房子。也经常在家庭举办一些聚会。结婚后，穆萨就要求A女士回归家庭，并皈依他的宗教信仰。"在我们国家，女性就是要照顾丈夫、孩子，这是神的旨意。在我们非洲，女人应该待在家中照顾她的家人。要听从丈夫的安排，要和丈夫在各方面保持一致。"

A女士说："我每天都很忙，要照顾3个小孩，做家务，工作，我丈夫经常在家举办聚会，我要做很多食物。我丈夫工作忙，只承担家庭的经济开支，家庭、孩子教育等，基本不过问。这些都是我分内的工作。婚后我也皈依了我丈夫的信仰，总之，我现在每天都忙得团团转，有时候心里很苦闷，坦白说，我和我丈夫在很多方面观念都不同，刚开始很难受，说不后悔这种跨国婚姻也是假的，就连饮食，现在基本都是根据非洲丈夫的口味来准备的，我不知道我们的婚姻怎么办，我们已经有三个孩子了，很多事就强迫自己不想了。"

B女士，初中文化程度，结婚10年，生了3个孩子。

"当初我决定和非洲男友结婚时，我的父母就坚决反对，我那时想得简单，没料到真正过日子，我们许多观念都完全不一样。在非洲，女性的社会地位低，婚姻关系是男尊女卑，但我也必须遵从这种男尊女卑的婚姻关系，我经常很失望，也非常的苦恼,我只能和唯一信赖的对象——教会的神父去倾诉了,我需要每周和神父约时间倾诉与我的非洲丈夫在家里的不愉快,我越来越感觉维持这段婚姻很辛苦。"

这两个中国女士所描述的和她们的非洲配偶之间的夫妻关系,都存在着一定的冲突和不和谐。这种夫妻关系冲突,也影响着这类婚姻的稳定。文中提到的 B 女士,目前已开始对这段婚姻抱有很明显的悔意,她说不知道自己对这样的夫妻关系还能忍耐多久。

(二) 放任自流的亲子关系

中非跨国婚姻中的亲子关系,也不同于广州本地人家庭的亲子关系。在这类家庭的亲子关系上,父亲的角色长期缺位,养育和照顾孩子,完全落在母亲身上。

C 女士,40 岁,高中毕业。

她说:"我们这类婚姻,中国的计划生育也不管。再说我的户口也不在广州市,我们因为我老公的生意,流动性也大,所以基本没有街道居委会的人管过。我们的孩子也没有上户口。小孩上幼儿园、小学都是上私立的,公立的没户口不会收,这个我们知道。也没想过上公立学校。有钱就上好点的私立学校,没钱就一般吧。我们流动性也大,孩子读书经常要换学校,也只有私立学校合适。所以说孩子的教育,也是很随意的。和孩子的关系,肯定也没有本地家庭的亲子关系那么密切，我们这种家庭，孩子多，孩子的父亲做生意，经常不在家，自己精力也顾不过来，给他们做好饭，照顾日常生活就好，我也知道孩子在社区、在学校肯定会有一些问题，也顾不上，也不知道孩子以后会去非洲，还是能一直在中国。他们没有户口，升学、就业都不知道在哪里？也没办法规划，就这样走着看吧。"

从访谈来看，此类跨国婚姻家庭在亲子关系以及子女教育等方面与本地家庭具有明显的不同。本地中国家庭，父亲、母亲都会参与到孩子的教育和照顾中来，并对于子女教育及未来规划都有着非常明确详细长远地规划，对于孩子的身心健康及发展都会给予很高程度的关注。但我们访谈的中非跨国婚姻家庭，普遍存在生育多个子女，亲子间关系非洲父亲长期缺位，对于孩子的未来及受教育的规划缺失等内容，中国母亲也远不及本土家庭的父母对孩子未来的筹划那样全面。

（三）外方配偶的适应问题

跨国婚姻及其配偶间的互动，从文化角度来看是两种文化的碰撞，存在于中国本土场域中的这种中非跨国婚姻，在非洲丈夫与中国妻子的习俗观念以及妻子所处的母国文化的碰撞及选择上，非洲丈夫均存在着一定程度的文化适应问题。

每年的春节，丹布都会和中国妻子去妻子的老家西安，和中国妻子的父母亲一起过春节。丹布很喜欢中国的春节，但在宗教信仰、饮食等方面，他还是很坚持自己原来的习惯，他的中国妻子也必须要照顾他的这些习惯。

吉尔伯托也因为爱人而喜欢上了中国文化,"我觉得我必须学好中文,我要用中文跟她交流"。饮食上,吉尔伯托也受到女朋友的影响。女朋友经常和他说:"我们都很喜欢吃青菜,青菜是非常健康的食物,多吃蔬菜可以更加长寿。不注意饮食的人,可能会比较短命。"吉尔伯托觉得这个观点有点荒谬,他说自己确实不喜欢吃青菜,只有和女朋友在一起吃饭时,他才装作很喜欢吃青菜的样子。吉尔伯托说,他和女朋友之间有许多生活习惯都不一样,他虽然时时感受到这些文化差异,但因为爱情,他改变自己并逐步在生活方式上朝女朋友靠拢,但他不能确定可以坚持多久。

可以看到,这些非洲丈夫在跨国婚姻文化的碰撞中,对于中国文化的适应,更多表现在不排斥、尝试等层面。当然,非洲丈夫身处中国大环境,其生存和发展需要他们在文化上融入中国。反观中国妻子,为了维持跨国婚姻,即使在自己熟悉的国土上,也会通过更多更深入地对非洲文化的接纳、适应来维系这种跨国婚姻。特别是这种对非洲文化的接纳和适应,是发生在自己母国主文化场域中,其对非洲文化的适应更显深度。她们经常在自己文化的坚守和适应非洲配偶的文化的冲突中显得徘徊、迷茫。当中国家人和朋友等对她们的这种跨国婚姻愈加排斥时,他们这种文化适应的两难困境愈明显。

(四) 飘摇中的中非跨国婚姻

文化上的差异，婚姻缔结存在的功利性因素以及跨国婚姻夫妻双方对不同文化的适应程度，加之我国当前非移民国家的现实国情等种种因素，影响着中非跨国婚姻的前景。

一是摇摆着的非洲丈夫。广州的中非跨国婚姻中的非洲丈夫，都是以经商为主的商人，在中国没有永久居留权，在签证上需要经常奔波续签。加上跨国贸易的风险性及文化适应方面的挑战等，特别是当生活成本不断上升，经商活动又面临困难，加之上述种种不利因素的叠加，使跨国婚姻中的非洲丈夫常常摇摆在去留之间。

穆萨（化名）是三个孩子的父亲，由于孩子没有中国国籍，也不知道以后怎么办，近几年人民币升值得厉害，中国制造业的成本在增加，他自己国家由于政治不稳定，通货膨胀也十分严重，生意比以前难做很多。很多次，他都想带着中国妻子和孩子回到自己国家去，可孩子和妻子都适应中国，不太愿意回非洲。目前，他也只能走一步看一步了。中非跨国婚姻中的这些非洲丈夫，几乎都和穆萨的心态一样，他们面对的是一个留不下的他乡，以及难以轻松回去的原乡。

丹布要乐观很多，他说："中非跨国婚姻就是因为中国的不断开放才出现的，中国肯定会越来越开放的，外国人来得多了，各种跨国婚姻就越普遍，当然也包括我们非洲人和中国妇女。所以中国政府肯定会有办法解决跨国婚姻家庭所面对的问题，慢慢地本地人也会适应和接受这类婚姻的。"

二是茫然无助的中方妇女。中非跨国婚姻里的中国妇女，对其婚姻生活同样充满了迷茫。经济上，这些中国妻子对于丈夫的经济依附性较强，缺乏自己独立的经济能力；在社会支持上，婚后中国妻子由于各类原因，本地朋友圈弱化，交友圈子主要是非洲丈夫的朋友，以及其他相似的中非跨国家庭，加之这类家庭都面临着许多不确定性，家庭的未来发展很难规划。凡此种种，以及日常生活中经常要遇到的中非不同文化所带来的小摩擦，都在考验着这群中国妻子对自己婚姻的信心，很多中国妻子都对自己跨国婚姻的未来感到迷茫。

案例中访谈对象 B 女士，结婚 10 年了。到如今，就因为丈夫的签证问题以及彼此家庭的不太支持，多年婚姻累积下来的种种问题，让她还是选择了离婚这一步。而访谈对象 E，结婚 3 年，有个 1 岁左右的女儿，但是婚姻生活因为彼此的文化差异以及来自自己娘家的压力，目前夫妻关系矛盾重重，让年纪轻轻的她，看起来很憔悴。她目前在纠结要不要结束这段跨国婚姻。

三、家庭治疗模式诊断跨国婚姻之家庭问题

家庭治疗作为一种治疗模式，是以整个家庭作为治疗的单位，关注的焦点是家庭成员间的互动关系和沟通问题，是系统地处理家庭问题的一种干预方法。每个家庭成员的行为都是与家庭、与家庭其他成员互动的结果，家庭内的个人问题不单单是个人问题，往往与整个家庭系统有关。所以家庭

治疗的对象关注于家庭整体,通过对家庭成员的关注,使每个家庭成员了解困扰家庭的问题,改变沟通方式和互动方式,以改善家庭功能,解决家庭问题。

毋庸置疑,跨国婚姻下的一些家庭问题,是由于一些制度性因素导致的。例如一些中非跨国婚姻,原本就没有在中国进行婚姻登记,孩子是外国籍,按照我国法律不能享有公立教育资源,这类跨国家庭的儿童教育问题就属于制度性因素引起的。除此之外,跨国家庭的许多问题,例如夫妻关系、亲子关系、家庭能力等都属于非结构性的,主要依赖于家庭成员的态度和互动方式。

家庭治疗认为许多家庭问题都源于家庭规则、家庭沟通方式等。因此,家庭治疗的重点是重新确立家庭规则以及建立适当的家庭成员沟通方式。

(一) 审视中非跨国家庭的原家庭规则

家庭治疗模式认为每个家庭都有自己的规则,如果现有的一些规则让家庭成员感觉到不公,感觉到压抑,那么家庭成员之间必然大胆地说出各自的感受,并形成新的适合的规则。跨国婚姻家庭,由于配偶双方的文化差异,日常生活方式有差别,在婚后面临着更多冲突。因此,建立适合该类型家庭的家庭规则,家庭成员共同遵守,是解决日常家庭矛盾的有效手段。例如,上诉案例中的中方妻子抱怨婚后每日饮食习惯以非洲丈夫的口味为主,抱怨家庭更注重一些非洲节日,抱怨非洲丈夫不关心孩子的学习和成长等;当然非洲丈夫也抱怨适应不了中国文化等。我们在介入这些家庭矛盾时首先让配偶双方明白跨国婚姻会面临很多差异和矛盾。因此，需要确定一个中非配偶及孩子都认可的正向家庭规则。

(二) 审视中非跨国家庭的沟通方式

家庭的沟通模式直接影响家庭成员的关系。良好的家庭沟通模式能够是每位家庭成员在沟通时充分考虑到自我、情境和其他家人，既能够保证照顾到自我的需求，又能够充分考虑到其他家人的需求和心理，并且能够认识到彼此沟通时所处的环境。在中非跨国家庭中，本文案例显示不少中方妻子反映为了维护家庭的稳定而选择讨好型沟通模式，很多时候都委屈自己而迁就他们的非洲丈夫，面对非洲丈夫很少投入时间精力管教孩子，她们也颇有微词但又不敢和非洲丈夫直接说出不满。久而久之，这种沟通方式让她们感受到压抑和委屈，产生低自尊和低自我价值感。部分中方妻子因此对自己的婚姻产生消极和负面情绪。家庭治疗模式认为每个家庭成员都是平等的，家庭成员只有在平等基础上的沟通，才可化解一些家庭矛盾和冲突。

四、家庭治疗模式介入跨国婚姻的家庭问题

家庭治疗模式多样，其具体的治疗方法也丰富多样，包括家庭重塑、雕塑、认知-行为治疗、个性部分舞会、家庭叙事等等。家庭治疗的这些具体方法，通过介入解决问题，从而使家庭成员更好地认识自我和家庭，认识自我与家庭问

小服务，大情怀：涉外服务的广州实践

题的关联，让家庭成员在承认和接纳自身问题的基础上寻求改变，以解决家庭问题，增强家庭能力。

（一）运用个性部分舞会方法，构建积极的家庭规则

个性部分舞会（Parts Party），又称面貌舞会，是家庭治疗中常用的方法技巧。旨在帮助个体意识到他们是由许多不同的部分构成，包括自己悦纳的部分，以及自己不愿悦纳的部分。而那些自己不愿悦纳的部分，实际上也是客观存在的，它们往往会使家庭形成负面家庭规则。当然，家庭中每位成员都有积极悦纳的部分和消极负面的部分，共同组成每个人的人格和特征。该治疗方法通过面貌舞会方法，让家庭成员全面认识自己，学会改变自己不愿接纳的部分或者整合和适应他们不接受的部分，从而维护正向的家庭规则。

首先，社会工作者让这些跨国婚姻的家庭成员认识到自身各个部分是怎样行动的，是如何发展出了不可避免的冲突。例如，由于文化差异，家庭成员对各自国家的节日有着更高热情和期待，却忽视对配偶方的国家节日，跨国婚姻配偶双方这些消极不足的部分如不引起重视，必然引起对方的不满以及引起矛盾和冲突。

其次，社会工作者通过观察发现这类跨国婚姻的内部规则，尤其要留意影响家庭成员发展的负面家庭规则，让家庭成员认识到这些负面规则会阻碍自己承认、整合并且转化自身的各个部分，这些规则会控制自己的人际关系，并且告诫自己哪些部分是可以展现出来的。

最后，社会工作者按照让跨国婚姻家庭成员承认自己的各个部分，接纳自己的各个部分，转化和整合各个不同部分这三个具体步骤来开展工作。让跨国家庭成员完全承认并拥有自己所有的部分，充分意识到自己所有可以被利用的资源，进而改变自己家庭内部负面的家庭规则，建立起更加完善有效的家庭规则。

(二) 运用家庭雕塑和重塑，重构家庭沟通模式

家庭雕塑是家庭治疗中一种十分直观有效的治疗技巧。俗话说，"当局者迷，旁观者清"。许多家庭因家庭成员深陷其中而不能客观中立地看清问题。家庭雕塑通过还原家庭的一些冲突、互动模式等，让家庭成员以角色扮演、观看角色扮演等方式，身临其境地感受家庭问题的症结，从而实现改变，促进家庭问题的解决。

首先，社工在与跨国家庭的成员建立信任关系后，完成这类家庭成员的家谱图、家庭日常生活图鉴以及家庭主要冲突事件等，形成鲜活的家庭剧本，为家庭的日常生活雕塑做好准备。

其次，社会工作者请家庭成员进入家庭角色的角色扮演，可以按照雕塑原生家庭、雕塑父亲和母亲的原生家庭、雕塑父母的互动方式、雕塑父母和子女的互动方式、雕塑家庭的冲突等，让跨国婚姻的家庭成员释放被压抑的感受，体会旧有沟通方式的不足，从而通过改变来重塑家庭成员的沟通方式。

五、服务成效及反思

就成效来看,社区工作人员工通过对五对中非跨国婚姻的干预,除了 B 女士家庭由于夫妻双方不配合社工的干预方案(这对家庭在服务开始没多久就解体了)之外,其他四个跨国家庭经过服务干预,他们各自的家庭问题都得到了比较好地解决。这几个家庭都建立了更积极正向的家庭规则以及和谐平等的沟通模式,家庭氛围也不断好转,服务的成效也比较理想。

跨国婚姻的经营,需要中外配偶投入更多的精力。本案例中的家庭治疗方法,对于跨国婚姻配偶维持稳定甜蜜的婚姻来说,只能是抛砖引玉,点到为止。甜蜜美满的婚姻维持不易,而跨国婚姻的维持则更具挑战。但无论如何,平等而包容的沟通方式,完全接纳并积极改变的态度,是跨国婚姻家庭成员解决家庭问题的重要法宝。

"失缘"到"结缘":叙事治疗介入来穗非洲妇女的社会适应

邓冠婷

【摘要】 跨国流动者在移入国最迫切的需求是在移入国的适应问题。本个案关注在广州的非洲妇女群体的社会适应问题,以家庭治疗模式为介入模式,通过协助在穗非洲妇女对自己及其家庭在异国的叙述重构,引导她们运用积极的叙事方式,发掘她们及其家庭在移入国的积极因素,激发她们在异国他乡主动适应当地社会的积极性,从而促进其社会适应。

【关键词】 叙事治疗模式;在穗非洲妇女;社会适应问题;个案服务

在全球化背景下,中国作为快速发展的国家,对世界经济的贡献率达到30%。随着中非合作论坛的召开以及我国"一带一路"政策的落实发展,中国和非洲商业贸易上的联系越来越紧密。

问题的提出

中国经济的快速发展吸引大量非洲群体来华"淘金",相对于其他第三世界的国家,中国经济的快速发展显得非常有吸引力。在全球劳工流动的大潮流下,相比于前往发达国家务工或经商的严格要求与高昂的生活成本,非洲族裔基于自身无技术且出于经济成本考虑,认为来中国发展的选择价值更高。非洲族裔一开始来中国发展属于探险、"下海"行为,一段时间之后在华发展稳定,其会选择将妻子随迁至中国发展。非洲族裔中的男人作为摆渡人角色,因生意需要来回往返中国,而妇女则长期居住在中国生活,在华生活的该类妇女群体面临着住房、医疗、教育等社会适应问题,机遇与挑战并存。随迁至中国发展生活的非洲妇女的社会适应性问题,是当前来华跨国流动群体中需要关注的重要议题。

一、跨国随夫从商及"失缘":在穗非洲妇女的原初叙事

在中国传统的夫妻关系中,有个成语叫"嫁夫随夫",即丈夫去哪里定居发展,妻子也会随着丈夫的选择而去。费孝通先生在《乡土中国》中提出:"差序格局"是发生在亲属关系、地缘关系中,以自己为中心像水波纹一样推及开,能伸能缩的社会格局,且它随自己所处时空的变化而产生不

"失缘"到"结缘":叙事治疗介入来穗非洲妇女的社会适应

同的圈子。非洲来华人员具有多重身份,多具有经商、求学、探亲、旅游和移民等多重性特点。其中以经商为主,具有较强的流动性,来华经商的非洲商人,在从商稳定后,会选择将自己的妻儿一同带来中国居住发展。而随丈夫跨国来中国居住的非洲妇女,即将面临与自己母国原有的血缘关系网络的孱弱甚至疏离的局面。长时间后,她们与原有的社会关系资源网络呈现弱化状态,具体表现为以下几个方面:

(一)血缘关联弱化

Nawal(化名)来自马里,只身随夫跨国前往中国发展,帮丈夫一起打理外贸生意;Lolita(化名)来自几内亚,她是全职妈妈,带着较为年幼的孩子跟随丈夫一起前往中国发展。她的主要职责是在家照顾家庭和孩子。不论是只身一人还是拖家带口跨国来华发展,她们都面临着离开家乡原有的社群和社区网络,来到千里之外的崭新环境中,脱离了原有的血缘关系网络,与原生血缘家族及母国亲人交流频次减少,血缘关联弱化,非正式支持网络资源减少,在异国他乡只有自己的丈夫和孩子这一单一的血缘网络。

非洲崇尚多子多福的传统理念,往往一个家庭生育多个孩子。迫于经济压力和现实的签证问题,且该群体存在很大的流动性,跨国来华的非洲商人在经商前期不会将所有的家庭成员都带来中国发展,其选择带妻子或者携带一个年幼的孩子来中国发展,其他较为年长的孩子继续留在母国生活或接受教育。在华经商的非洲夫妇基于经济成本考虑,往往会选择一年往返母国探亲一次，这使得留在母国的孩子与异国父母由于地理空间的隔离导致血缘之间的疏离。

"我现在有5个孩子，其中3个女儿，2个儿子，最小的儿子今年3岁，孩子们都在马里生活，目前由公公婆婆照顾他们。我跟丈夫在广州从事外贸生意，忙着赚钱，一年回去一次看我的孩子们，上次回国探亲，小儿子都认不出我了。"（访谈，A）

"我一共有7个孩子，目前带着2岁的儿子（在中国出生）跟老公生活在广州小北，老公平时忙着做生意，我就在家照顾家庭和孩子。其他几个孩子都在几内亚生活，由年龄大一点的孩子帮忙照顾，老大今年19岁，已经成家了，照顾弟弟妹妹们没问题。"（访谈，B）

（二）地缘关联丧失

托马斯（William Isaac Thomas）认为，以亲属、情爱、朋友等关系为内容的非正式关系对于人们社会行为的影响远比正式的社会关系更为重要。[1]非洲妇女随丈夫跨国来穗生活发展，异国他乡除了丈夫和孩子这层正式社会关系网，其他非正式关系网会脱离原本母国的社会支持网络，原生的地域关系纽带被拆散，在中国还未建立新的非正式资源网络之

---

[1] 郑杭生主编：《社会学概论新修》（第3版），中国人民大学出版社2003年版，第363页。

时，其面临着母国地缘关联的丧失。一些非洲妇女由于听不懂且不会说中文，其社会关系网单一，且非洲族裔信仰穆斯林，宗教信仰使得丈夫对婚后的妇女在行为上有所约束，其会要求女性婚后在家照料孩子和做家务。随丈夫来华的非洲妇女，即使来华生活发展，大部分都是居在"闺中"，极少与外界群体接触，这样导致其异国的地缘关联丧失。

"我每周五会去寺庙做礼拜，除了买菜之外，其他时间一般很少出门，孩子还很小（1岁），需要我照顾，而且每天都有很多家务要做，我们信仰穆斯林的妇女一般都是在家照顾孩子，很少出门，在这里也很少有朋友。"（访谈，C）

（三）社缘联系乏力

社缘关缘的乏力主要表现为两点：其一是缺乏融入当地生活的动力；其二是主动融入之下遭当地人排斥。

一方面，初次跨国来穗非洲妇女缺乏适应当地生活的动力。跨国随丈夫来穗的非洲妇女，初次来到中国，在异国他乡的陌生环境中，只身一人照顾家庭。因为时间和空间的隔离，其与母国原有的社缘处于断隔状态，在异国他乡中由于语言习俗的不通，使得自身的社会关系网络相对封闭，在新的环境中，难以适应异国地缘环境，就会导致其缺乏主动融入当地生活的动力。

"我刚开始来广州的时候,由于只会说母国当地的方言,不会说英语和法语,更别说汉语了,所以一开始除了跟我的家人交流,我几乎不与其他人交流。每天除了买菜做饭,就是待在家里带孩子,也不看电视和听广播,平时也不喜欢出门。"(访谈,C)

另一方面,非洲跨国来穗妇女在主动融入之下却遭当地人的排斥。非洲族裔群体因其肤色、语言、文化、宗教信仰等与中国民众有较大不同,中国人对其存在刻板印象,常常被"贴标签",其在日常生活方面,往往会遭排斥。

"我有一次带着孩子出门,孩子遇到中国小朋友,主动地用中文与他们打了声招呼,但中国父母听到之后就立马把孩子拉到自己的身后了。我的孩子愣住了,回家后他问我中国孩子是不是不喜欢她,为什么跟他们打招呼都不理我而且还躲着?我不知道如何向孩子解释,之后出门我的孩子都没有主动向其他同龄的孩子打过招呼。"(访谈,D)

跨国来穗的非洲家庭,首先要落实的是住房问题,找到在穗的落脚点,但在租房方面,广州市越秀区小北路的本地房东因房子管理手续登记麻烦等原因,倾向将房子租给中国人而不是非洲人居住,租给非洲群体住,则会提高房租价格。非洲人外向活泼喜闹,中国人含蓄害羞喜静,初来乍到的非洲妇女在生活中想主动融入当地群体，在日常坐地铁时会主动跟对面的人微笑或与旁边的人搭话，但本地人却往往会避免与其交流，甚至在其靠近身边时会因其身上浓烈的香水味而捂鼻离开，这让跨国来穗的非洲妇女感到主动融入的无力，甚至是遭到本地人的排斥。跨国来穗的非洲妇女多数处于关系网络较为封闭的状态。尽管有些妇女帮丈夫打理生意，但其交往的社圈也多数是有血缘关系的亲人或者同乡来华经商的妇女群体，一旦她们遇到困难会习惯性地寻求同乡或者族裔内群体伙伴的支援，与本地的社会群体资源很难做到真正的相互融入。非洲妇女与本地居民更像是生活在两套各自独立的平行空间中，双方保持各自的距离，始终不会融入彼此的生活世界。

"住在我隔壁的是本地人，虽然是邻居，但是因为我们的作息习惯不一样，所以上下班时间都是错开的，很少见面打招呼。有时候几次偶尔在电梯里碰到了，只要我们在电梯里，她们是不会进来的，她们宁愿等下一班电梯，我知道，她们是觉得我们有体味，身上香水味重。"（访谈，D）

（四）社会适应边缘

跨国迁移的来穗非洲妇女来到中国在生活习惯和社会习俗等方面与中国人之间存在很大的差异，因此在日常的生活工作方面不可避免地会遇到各种社会适应的边缘化情况。

首先是语言方面。日常生活中使用最多的是语言交流，流畅的语言能让人与人之间相互理解、消除误解，而且语言也是社会网络重建最为重要的基础。然而语言不通是跨国来穗的非洲妇女面临的最大障碍。据调查研究显示，一半以上的非洲人都是文盲，其中妇女占60%，撒哈拉以南非洲的妇女有3/4都是文盲。[1]由于非洲妇女群体使用的语言多为法语和当地土著语言，而广州地区使用的多为普通话和粤语，非洲妇女与当地人交流多使用英语，但非洲人与广州人的英语实际掌握情况不一，使得日常交流产生沟通障碍。

"我刚来广州的时候，只会说法语和母国当地的土著语言，英语和汉语都听不懂，出去买菜都只能用简单的数字交流或者用手比画要买什么。因为语言的不通，我很少与本地人交流，一般都是与母国的同乡交流比较多。"（访谈，D）

其次是生活习惯方面。大部分非洲家庭尽管长期在广州生活，但生活作息上仍然与非洲时间同步。非洲大部分国家与中国的北京时间有5小时至7小时的时差，因此当中国人早上起床上班之时，非洲人刚刚进入休息时间。在非洲人聚集的小北一带，夜晚8点至凌晨4点，是非洲群体最活跃的时间，也因为这种生活作息上的不入乡随俗，本地居民对其

---

[1] 王战、李宇婧："非洲妇女赋权瓶颈"，载《中国投资（中英文）》2019年Z2期。

深夜 4 点至 5 点还在扰民的非洲住户多有不满。

"我 2002 年随丈夫来广州经商,17 年过去了,我还是保持着我母国原有的作息习惯,每年回去母国(马里)我能很快适应当地的作息,但是回来广州却适应不了这里的作息。"(访谈,B)

再次是饮食习惯方面,在外国餐厅很难吃到正宗的非洲家乡美食。非洲人因信仰基督教或者穆斯林,他们遵循非洲的饮食习惯。非洲人不像中国人讲究多喝热水、趁热吃,他们热爱喝冷水、喝立顿茶,吃 Fufu 和炸鱼。因有些信仰穆斯林的非洲丈夫害怕在中国餐厅就餐吃到猪肉,而且在外就餐也难吃到正宗的非洲家乡美食,他们一般会选择让妻子在家做饭,妻子按照他们的饮食习惯做木薯粉团、炸鱼、炸香蕉片、light soup、羊肉、咖喱米饭等,再搭配上如鱼肉秋葵酱料等酱料作为他们每天的菜谱。

"刚来广州的时候,老公表示很开心,因为终于有人能给他做正宗的家乡美食了,因为他在广州经商这么久,都没吃到过正宗的家乡美食,现在我跟孩子都过来广州了,我就每天在家做饭,老公和孩子都吃得很高兴。"(访谈,D)

最后是文化认同方面。非洲国家奉行资本主义国家制度,中国奉行社会主义国家制度,不同的国家政体之下产生不同的文化认同。奉行资本主义文化的非洲国家，认同其母国文化，较为个人主义；而我国是社会主义国家，奉行集体主义文化。在不同的文化碰撞之下，产生不同的矛盾与隔阂。由于非洲族裔是来华经商，始终带着"过客"心态在中国从商，于是非洲妇女秉承着是来中国赚钱的心态，是随丈夫来做生意的，逐利而动，属于韦伯提出的"工具理性行为"，目的是赚钱，并认为"落地生根"或"融入本地生活"并非易事。

"我没想过会在广州停留多久，这要取决于丈夫的生意情况，这几年生意难做，成本一直在升高，非洲市场也慢慢饱和，我们可能在这停留1年或几年，也有可能生意不好的话我们就选择去泰国或越南进货了，这一切都是不确定的。"（访谈，A）

从上述叙述可以看出，这群无论是何种家庭分工的在穗非洲妇女，她们对于在广州生活的最初叙事都是灰色的，充满着痛苦、无奈以及各种不满。因此运用建构主义，引导他们对于这段跨国流动确立更积极的叙事，有助于改变他们不好的流动经历，促进他们更好地适应社会。

二、问题外化与叙事建构

叙事治疗最早是心理咨询师运用于心理治疗的专业方法，

心理咨询师将案主的问题与案主分离，叙事治疗的重要介入环节是问题外化。所谓问题外化就是将案主所存在的问题与具体的个体分开，防止案主因为过于关注问题，而被问题所束缚，从而陷入问题困境而难以自拔。问题外化通过语言的叙述建构，挖掘案主叙事中隐含的"特殊故事"，即协助案主以优势视角来看待问题，从而重建故事叙事，最终使案主不再对自己的生活与关系等做出充满问题或者充满负面情绪的描述，同时对生活与关系促成新的、美好的故事叙事，帮助她们辨识与发展自己与问题的新关系。当问题外化后，案主就容易形成解决问题和改变的力量。

跨国流动在当前全球化的今天，是一种十分普遍的现象，跨国流动意味着离开自己的祖国、亲人，离开熟悉的生活环境到一个陌生的国度。跨国流动群体都会遇到各种各样的困难和问题，但跨国流动不完全是问题和困难的叠加和困扰。

访谈D："我和丈夫来广州三年了，我们确实是面临很多困难，我非常赞同上面各位和我一样来自非洲的姐妹的感触，说实在的，在这里真的太难了。"

社工："我很理解你们在异国他乡所处的这些困难，那么，这个跨国流动对你们及其家人难道都是不好的记忆，就没有什么积极的吗？比如，因为跨国流动，你们家的经济状况是否有好转？你们的孩子是否掌握了另一门语言，等等？"

案主："这里生活成本高，例如租二房一厅要3000元，这要是在我们国家马里，可以租下一栋别墅了。但是在我们国家，我们比较难找到赚钱的机会，这里（广州）就不同了。确实，来中国后，我老公的生意做得更大了，在经济上我们赚了更多的钱，现在我们一家在中国进货，我老公的兄弟们在非洲国家售卖，整个大家庭都因此而有了更好的经济收入。"

社工："其实，我也体验过流动带来的不便，但也有不少好处。我的家乡在中国的北方，当我大学毕业来到就业机会更多的广州时，我最初也是遭遇了不认识人，听不懂广东方言，不适应广州潮热的气候总是生病这些困难，但我真的很庆幸自己当初能够离开老家来到这里，离开家，我变得更独立，能力也更强。当前我的经济等方面比起家乡的同学，更是好了不知多少倍。你看，这个流动，是一种人生选择，流动不一定就是困难和问题困扰。"

案主："你这个说法也很有道理，仔细一想，来中国，我家也收获了很多很多。当然赚了更多钱这是事实。我的三个孩子现在都能说一口流利的汉语。我听我老公说现在非洲有很多中资企业参与非洲的经济建设，也办了不少分支机构，我的孩子会说流利的中文，以后回到非洲会更有竞争力。当然，我自己也有收获，虽然我接触当地人少，但是我注意到中国妇女的社会地位挺高的，在家庭的社会地位也很高，我挺羡慕她们的。"

"失缘"到"结缘":叙事治疗介入来穗非洲妇女的社会适应

受到片面的跨国流动的流动叙事影响,非洲妇女在谈论在中国的适应问题时容易将问题内化,进而在她们的最初的叙事中对于在华的跨国流动,不乏负面的问题化的叙事。为了让在穗的非洲妇女重新挖掘其跨国流动,将跨国流动和所存在的问题分离,社会工作者运用了问题外化的技巧。协助在穗的非洲妇女重新审视自己及家人的跨国流动并建构这段叙事。

三、从"失缘"到"结缘":重构自我的跨境迁移叙事

不同的看问题视角,带来不同的叙事结构。在社工运用叙事方法,引导在穗的非洲妇女对自己的跨国流动重新予以审视,用更为积极客观的态度对待跨国流动,赋予它更积极的叙事后,这群非洲妇女通过重构的自我叙事,向我们呈现出一个积极适应的群体形象。

(一)重建地缘基础上的血缘支持

通过地缘基础去强化在华的血缘关系,非洲人和中国人一样有着比较强烈的家族和家庭观念,跨国来穗的非洲妇女,从一开始只身随夫来华经商,在中国经过一段时间的社会适应之后,其会建议母国的兄弟姐妹们一起来中国"淘金",或携带自己的子女跨国来穗发展。有血缘关系的亲人共同跨国来华发展,通过生意上的合作,家庭的明确分工,使得跨国来穗的非洲妇女群体可专心照顾家庭,接送小孩上下学。

"我丈夫的兄弟姐妹们听说我们在广州做外贸生意赚了点小钱,于是他们也一起跨境过来广州做生意了,男人们一起合作做外贸生意,我们女人就在家专职照顾孩子,送孩子上下学,平时我们生活得很融洽,这使得在异国他乡的我们相互有了依靠。"(访谈,B)

(二) 重建血缘基础上的地缘纽带

跨越国界之后,身份认同的范围会因为客观环境的变化而扩大,这种环境的变化体现在:在异国他乡,很难找到有着相同血缘关系的亲人,这时候往往会将"血缘关系"扩大到有着同样身份认同的同族裔群体。事实上,对于这种群体的身份认同,美国心理学家马斯洛将群体划分为"我群体"和"他群体"两类,跨国来华的非洲商人往往将具有相同肤色、语言及所属某一地域范围的非洲族裔群体认为是"自己人",并寻求彼此之间建立亲密关系并获取社会支持,当发生困难或需要生活帮助时,首先通过"我群体"内部之间的帮助及支持去解决问题,而不是寻求外部他者的帮助。

滕尼斯提出"社区/共同体"一词,人们在共同体里与同伙一起,从出生之时,就休戚与共,同甘共苦,人们走进社会就如同走进他乡异国。[1]社区归属感作为社区最本质的

---

[1] 胡鸿保、姜振华:"从'社区'的语词历程看一个社会学概念内涵的演化",载《学术论坛》2002年第5期。

特征，在社区的形成和发展中发挥巨大的作用。[1]一些通过在华经商的非洲同乡介绍，跨国来华发展的非洲妇女们，通过血缘亲属的引路和支持，非洲族裔群体在中国重建社会关系网络的过程，实际上也是一个逐步跨越语言和文化隔阂的过程，从而构建出良好的社会网络。其家人在经商过程中基于身份认同，如到相同的肤色、共同的语言、同国或同乡的群体去认识志同道合的伙伴，之后大家在日常生活中邻里互助，相互照顾，最终实现资源互换。基于族群认同，大家聚集在广州市越秀区小北路，一起经商发展，从血缘基础扩散到了地缘。

"老公在平时做生意时认识的伙伴，会在有节日时组织家庭聚会，男人们畅聊生意上的事情，我们女人相互交谈下厨、育儿经验，孩子们凑一起愉快的玩耍。大家都是来广州之后才认识的，很难得能在异国他乡结识到一帮志同道合的朋友，平时我们有困难，大家都会互相帮忙，互相照顾。"（访谈，C）

（三）社工牵线链接起社缘

广州市开心社会工作发展中心通过政府购买服务，为相当多的跨国来穗的外国人群体提供专业的社会工作服务。其

---

[1] 王亮："社区社会资本与社区归属感的形成"，载《求实》2006年第9期。

中,外国人部是专门面向外籍人士提供服务的,内容涵盖中文堂小组、社区融入、法律咨询、专业个案辅导等。在社工发展中心,经常能看到非洲妇女群体带着适龄儿童来学习中文,在等待小朋友学习放学期间,这些非洲妇女也会在成人的中文课堂学习中文。为外籍人士提供中文课堂教学,不仅弥补了不能在中国高校学习却又想学中文的外籍人士的遗憾,而且还起到了社缘牵桥搭线的作用。一方面,由于户口和家庭经济压力不能在中国公立学校上学的"跨境流动儿童",其在社工发展中心免费学习中文之余,还能结交到同龄的小朋友,使其拓展了关系网络,建立了社交圈,获得了情绪情感的支持。另一方面,送孩子来上学的非洲妇女群体,在等待孩子上下学之余,在中文课堂学习中文,结交认识同类的妇女群体,使其拓展了社交圈子,扩大了其社缘网络。

"我是在同乡微信群里知道广州开心社工发展中心的,听说这里免费教儿童和成年人学习中文,就带着孩子过来了,我和孩子在这里学习很开心,孩子交到了很多同龄的朋友,也学会了一口流利的中文,我在这不仅学会了中文而且还交到了很多妇女朋友。"(访谈,D)

(四)不断提升的跨国社会适应

跨国流动必然涉及在移入国的社会适应。在社工介入前,这群在穗的非洲妇女由于过于强调在异国他乡的困难和不适,

"失缘"到"结缘":叙事治疗介入来穗非洲妇女的社会适应

她们在当地的社会适应首先遭遇来自自我的抵触和情绪,由于关注和强调跨国流动后问题,并将问题固定化,导致她们在异国他乡的社会适应存在主客观共同的阻力,诚如她们所说,迫于无奈来中国,尽管不愿意待也没有办法,老公的生意在中国。然后,社工通过引导她们对跨国迁移及其异国生活进行重新审视,使她们对于跨国迁移后在中国的生活叙事有了明显的积极认识。

"尽管在广州有许多不适应,例如看病、租房等确实不方便,但主要还是我们不会说汉语,我们来到中国,不能因为中国人听不懂我们非洲国家的语言,我们就抱怨这个抱怨那个,我有部分朋友他们会说一些汉语,和本地人交流比较好,他们说广州很好啊,本地人很热情啊!我自己遇到的很多不开心的事情,其实都和我不懂汉语、没办法和本地人顺畅沟通有关。有一次孩子不舒服,我去药店买药,也看不懂药盒上服用的剂量说明,药房店员也听不懂我说的话,那一刻我真的情绪坏极了,后来我大儿子过来,他和药店的工作人员顺利地交流,很快问清了该买什么药,用量多少,我小儿子吃了药,病很快就好了。经过这件事,我觉得我面临的很多问题,都是因为我自身有不足而引起的,这么一看,我就觉得不能因为自身的不足而把遇到的困难都归因于跨国迁移。"(访谈,E)

而访谈者 F 则因为这场跨国迁移，在自我观念上有更积极的变化。F 来自非洲国家巴林，是一个十分传统的穆斯林妇女，在她们国家，一个男性可以有四个老婆，所以，在跟随丈夫来中国后一年，她丈夫把在自己国家的另一个老婆也接到中国，一家人住在一起。因为 F 比较外向，也学会了一些简单的汉语，她有空也会参加一些社区活动，和本地邻里也有接触。渐渐地，她觉得中国家庭这种一夫一妻制更文明，她因此多次和自己丈夫抱怨，甚至有一次提出宁愿离开也不想这样过。后来，她的丈夫把另一个伴侣送回巴林，她才不再为此难过。事实上，有不少非洲妇女在移入中国后，特别是接触了本地中国妇女后，其压抑的性别角色都得到了或多或少的苏醒。有不少非洲妇女认为正是这种跨国流动，使自己开了眼界，觉得自己也要积极主动生活。

可见，当非洲妇女对跨国流动这一事实转变了叙事方式，开始用积极的态度面对跨国迁移后的变化，她们的跨文化社会适应就开始变得积极主动，同样，她们在异国他乡的社会适应也更为积极深入。

总 结

来穗非洲妇女，从一开始由于跨国迁移导致出现各种困扰，由于延续原有的问题视角的叙事，因此，她们把在异国他乡的生存挑战当然地归因于跨国迁移行为，基于此叙事，他们眼中的跨国迁移是不得不为之，而又悔恨满满的过程，在异国他乡的生活也了无趣味，是一种煎熬和无奈，当然在异国他乡的社会适应更加无从谈起。

社工通过介入来穗非洲妇女群体在穗所面临的问题，运用叙事治疗方法，通过和非洲妇女重新挖掘她们及其家人的跨国迁移故事以及在异国他乡生活所经历的故事，让她们通过回顾这段经历，重新挖掘和赋予这段经历有价值的意义，从而使她们及其家人的跨国迁移经历，异国他乡的社会适应经历富有意义，增强了她们在异国他乡的社会适应主动性以及社会适应能力。

理性情绪治疗模式介入焦虑困扰的跨国商人

王 亮　邓卓芸

【摘要】 全球化推动全球人口的跨国别流动，现代社会的高流动性容易使流动性强的群体因各种风险而出现焦虑等心理问题。本个案运用理性情绪治疗模式介入焦虑困扰的跨国商人。具体体现为社工在评估案主焦虑程度以及焦虑产生的成因基础上，运用理性情绪疗法，通过协助案主正视跨国流动所带来的各种挑战，确立理性的态度和认知来看待跨国流动所带来的困难，从而转变非理性认知，端正心态，以客观、积极的心态对待跨国流动所遇到的困难，帮助案主摆脱焦虑困扰，达到自我成长的目的。

【关键词】 理性情绪模式；跨国商人；心理焦虑问题；个案服务

当今世界范围内的人口流动日趋频繁，人口的跨国迁移

理性情绪治疗模式介入焦虑困扰的跨国商人

往往是一个充满多重压力的过程。远离家人和朋友、原有的社会支持网络的断裂、存在语言沟通障碍、文化冲突、经济压力等各种不确定因素如影随形，影响着跨国迁移者的身心，从而使他们相比本地居民，更容易存在不同程度的心理问题。

问题的缘起

西方传统的移民国家有不少学者对于移民群体的心理健康问题进行研究并指出："移民在跨国迁移过程中，生理和心理旅程中所面临的许多创伤和压力，相比于本地居民更容易产生各种心理健康问题，而焦虑症则是跨国迁移者中最为普遍的心理疾病。"[1]焦虑症（anxiety），又称为焦虑性神经症，是神经症这一大类疾病中最常见的一种，以焦虑情绪体验为主要特征。根据程度的不同，可分为慢性焦虑，即广泛性焦虑（Generalized anxiety）和急性焦虑（Emergency anxiety）两种形式。广州的外国人中，有不少由于各种原因存在着焦虑困扰的心理健康问题。

一、个案介绍

案主，男性，38岁，是一个身材高大，有点肥胖的中年男性，来自非洲国家喀麦隆，是一名商人，主要从珠三角一

---

[1] See Fox, Burns, Popovich, &Ilg, 2001; Hermansson、Timkpa & Thyberg, 2002; Maddern, 2004; Mollicaet al., 2001.

小服务，大情怀：涉外服务的广州实践

带采购一些便宜的电子产品，在喀麦隆通过售卖赚取差价。案主和妻子养育了 4 个孩子，生活一直比较拮据，也没有好的改变现状的机会。偶然的机会，他听朋友介绍在遥远的中国可以找到比较好的发财机会，于是和亲戚朋友借了一笔钱，怀揣美好的淘金梦以及对遥远的东方大国近乎空白的了解，跟随朋友只身来自广州。朋友比较忙碌，经常满世界寻找更好的发展机会，他只能孤身一人在广州打拼。远离家人和熟悉的朋友，在遥远的中国，案主也因为完全不了解汉语，导致根本无法和当地人进行任何沟通，对于广州的一些商业批发市场等信息也无从知晓，一晃数月过去，案主所梦想的商业活动没有任何进展，然而在异国他乡各种花销费用仍旧源源不断地支出。喀麦隆的朋友询问他的贸易活动如何？远在喀麦隆的妻儿也不停询问案主的现状？近两个月来，这个身材微胖的中年男子，感受到各种压力。他说自己睡眠变得十分差，每天都十分着急，情绪十分糟糕，但在异国他乡又无法找到诉说的对象，他之前每天把无尽的苦闷诉说给远在喀麦隆的妻子，有时候一天的电话费就要几百元，他栖身之地的那个可以拨打国际长途电话的私人电话亭，记录着他的焦虑和无助。现在，他真的不知道怎么办，他感觉自己面临着事业发展的重重困难，没有朋友，没办法适应，已经发展到夜不能寐，日不能食，十分痛苦的状态。

案主几乎是一股脑儿地诉说自己的痛苦，从他着急而又稍显无逻辑的叙述中，可以看出他被目前的各种困难所困扰

而表现出的焦虑情绪已比较严重。案主所体现出来的焦虑,符合广泛性焦虑的症状和特征。广泛性焦虑是指一种以缺乏明确对象和具体内容的提心吊胆及紧张不安为主的焦虑症。对于广泛性焦虑的发生机制目前认为是多因素作用的结果,与患者所处的社会心理因素密切相关。[1]

二、理性情绪治理模式介入该案例的适切性

理性情绪疗法(Rational-Emotive Therapy,RET),是在20世纪50年代由艾利斯(A. Ellis)在美国创立并发展的一种疗法。它是认知疗法的一种,因后期采用了行为治疗的一些方法,故又被称为理性—情绪—行为疗法(REBT)。该疗法认为,人们的情绪障碍以及一些心理问题等的出现往往是由于不合理的信念所致。因此,要以理性情绪治疗法来治疗非理性的认知,帮助求助者以合理的思维方式和信念来替代不合理的思维方式和信念,通过最大限度地减少求助者的不合理的信念和认知等给其情绪带来的不良影响,从而达到减轻或消除求助者已有的情绪和行为障碍的治疗目的。

理性情绪疗法被介绍到中国后,因其与中国的传统文化具有天然的耦合性,例如"尺有所短,寸有所长""退一步海阔天空""不苛求完美"等做人做事的理念,因此,得到

---

[1] 胡雄、奈效祯、付慧鹏:"理性情绪疗法治疗广泛性焦虑63例对照研究",载《中国实用神经疾病杂志》2008年第9期。

治疗师及社工的青睐和广泛运用。当前,许多实验研究和个案报告也显示了理性情绪疗法是治疗抑郁症、强迫症等心理疾病的有效干预手段。

本案例中,社会工作者运用理性情绪疗法介入患焦虑症的非洲商人,有以下优势:一是通过社会工作者的陪伴和聆听案主的诉说,社工为案主提供心理支持,建立起专业而稳定的信任关系。二是让案主通过诉说自己的不幸,结合非理性信念的特征,让案主予以归纳,引导案主重新审视及反思,这一方法,既充分尊重了案主作为成年人的见解和认知,又通过鼓励其反思,让案主自己意识到问题,既做到完全接纳、尊重,又做到相信案主的自我能力。三是案主通过自我反思、自我驳斥,既提高了自我的认知能力,也促进了自我能力的发展,实现案主的自助及成长。

三、理性情绪治疗模式在本案例中的运用

(一)案主问题预估及建立信任的辅导关系

在个案辅导中,社工首要的任务是与案主之间建立起稳定而又信任的辅导关系,这对于辅导的顺利展开,以及辅导的成效都十分重要。社工通过与案主的接触,与他初步建立了良好的信任关系,并征得案主认可,运用抑郁自评量表(SDS)与焦虑自评量表(SAS)对案主进行测量,测评结果显示,SDS 量表粗分 48 分,标准分 60 分,属轻度抑郁;SAS 量表粗分 45 分,标准分 56.25 分,属轻度焦虑。根据谈话及

量表测试结果，社工认为案主确实存在一定程度的焦虑，需要及时介入。在此基础上，社工进一步了解案主目前十分明显的焦虑症状的原因，倾听案主诉说其远离自己国家来广州经商赚钱的憧憬，然而现实中自己却没赚到钱，目前陷入困境，以及对自己能力及未来发展都严重没有信心的陈述。了解案主的认知，即"来中国做生意马上就能赚大钱，发财机会很多"，并了解这种认知的形成过程。结合本案例，社工在全面评估了案主的问题困扰后，确定了开展每周2次，每次大约45分钟至1个小时对案主的心理辅导，通过3次治疗后，社工和案主建立了比较理想的信任及辅导关系。

（二）确立恰当的辅导模式和主要的辅导环节及重点

根据案主的问题陈述，与案主沟通后，选择理性情绪治疗法作为介入方法。结合案主的问题，以及理性情绪治疗法的内容，确立主要的治疗重点：即一是认识诱发事件（A）；二是列出了困扰案主的非理性信念（B）；三是驳斥自己非理性信念（D）；四是重新确立理性合理的信念和行为（C）。

四、开展辅导

（一）让案主认识诱发事件（A）

理性情绪治疗首先需要让案主认识诱发事件或情境（A）。在具体辅导中，社工通过和案主的谈话，让案主认识到引起他当前各种焦虑的诱因事件。

社工："你说了自己现在很焦虑，睡不着，吃不下饭，心情坏透顶啦，你觉得是哪些因素引起的？"

案主："所有来中国做生意的非洲人都赚钱了，赚很多钱，而我却没有赚到钱，现在很狼狈。"

社工："你说除你之外的其他非洲人都赚钱了吗？"

案主："是的，介绍我来中国做生意的我的朋友、亲戚们，我加的一些广州非洲人社交媒体，住在小北这里遇到的非洲人，他们都这样说。别人都能赚到钱，我却这么失败。"

在这段对话中，社工引导案主认识自己目前情境的诱发事件（A），让案主陈述自己的焦虑与诱发事件（A）的联系，让案主表述对诱发事件（A）的看法。在本案例中，诱发案主的事件（A）是来广州做生意的非洲人都赚大钱了，自己不远万里，来广州经商好几个月却没赚到钱，生活陷入困境。由于案主所面临的这一事件，让案主产生一系列错误的信念，在这些信念影响下，案主对自己越来越没信心，越来越消极，越来越觉得自己无能和失败，长期的这些负面观感，使案主陷入焦虑和痛苦中难以自拔。

社工通过和案主的多次深度谈话，帮助案主澄清了自己的问题：一是认识诱发事件（A）；二是列出了困扰案主的非理性信念（B）；三是驳斥自己非理性信念（D）；四是重新确立理性合理的信念和行为（C）。

（二）对案主介绍非理性信念的常见特征

非理性信念，许多人都经常自觉不自觉具有一些非理性的信念，其主要特点有：一是对自己或他人的教条式的要求（比较常见的词语有："必须""绝对""应该"等观点或想法）；二是灾难化的信念，即一旦遇到一些不满意的事实，就容易夸大为灾难性的，认为事情很糟糕、恐怖、一塌糊涂等；三是对待挫折容忍度低，观念和态度通常体现为自己无法忍受；四是对自我或他人的评价过低，苛刻，一旦遭遇事情，便认为自己、他人是不好的，没有价值的。

（三）参照非理性信念特征，引导案主列出自己的非理性信念

引导案主自我剖析自己的非理性信念，是理性情绪治疗法重要的治疗环节。通过理解和学习常见的非理性信念特征，案主开始列出自己的一系列非理性信念或想法：①不远万里，跨国来做生意，如今已三个多月了，却没有赚到钱，这非常糟糕；②因为我来了三个月了都没有赚到钱，我的妻子，我的家人，我的朋友，甚至其他在广州的非洲商人肯定都会看不起我，嘲笑我，认为我很笨，等等；③因为我来了一段时间了生意没进展，没有赚到钱，这说明我很差，真的一无是处；④因为我来中国几个月了也没有赚到钱，那我应该根本赚不到钱，也许我不适合做生意；⑤别的来中国的非洲人都赚到钱了，我却没有，说明我真的很差。

（四）引导案主驳斥这些非理性信念

基于案主一股脑列出的因为跨国做生意而带来的各种心理伤害，社工运用理性情绪治疗法的驳斥技巧进行追问。

理性情绪治疗法的一般反驳方式主要有四步：①有益吗？即这个诱发事件或情境（A）下，你因此产生这些抱怨，悔恨等种种信念，这对你自己是有益的还是只会导致增加你的心理负担，令你更加不开心？②有证据吗？有哪些事实证据可以证明你的一些担心是真实的？③真的是极其糟糕吗？你目前面临的这样事情真的糟糕到不能再糟糕吗？④真的是无法忍受吗？你所说的因为事件（A）带来的这种挫折你真的无法忍受吗？

依据理性情绪治疗法的驳斥步骤，社工鼓励案主对自己所列出的一系列非理性信念进行自我分析和反驳。

第一，我跨国来广州做生意这事已经是客观事实，这几个月没赚到钱也是客观事实，但因此我天天这样抱怨，悔恨自己干吗要离家来异国他乡做生意，我这样抱怨，这样悔恨，或者后悔，就能改变事实吗？后悔遗憾明天就能赚到钱吗？很显然，我现在天天念叨、抱怨，对自己没有任何益处，既改变不了既成的事实，还会令我被负面情绪左右，对我自己不利。

第二，我说因为我来广州做生意，结果没有赚到钱，我的家人，我的妻子，我的朋友以及其他认识的非洲人都会嘲笑我，看不起我，我没有听他们其中任何一个明确说因此看不起我。至于我的妻子，因为我这几天，每天给她抱怨，加上她要在我的国家照顾我们的孩子，也很忙所以有时没有时间陪我多说话，我就因此认为她抱怨我没赚到钱，看不起我。很显然，她从没这么说，我确实没有证据。当然，我说的除我以外的广州的非洲人都赚钱了，这个也没有证据，我来这里就三个多月，认识的非洲人不多，坦白说就几个，我知道广州有不少非洲商人，有很多是常年往返中非间做生意的，所以，我说别的非洲人都赚到钱了也很片面，准确来说，这个是我的推测，没有证据。再说了，也许有不少初来广州的非洲商人也和我一样，因为初到陌生环境没赚到钱。

第三，初来广州做生意赚不到钱这事，就能说明我真的很无能，一无是处吗，就凭这事就断定我很蠢、很无能吗？这当然不能，我现在没赚到钱，不代表我一直赚不到钱，再说，除了目前没赚到钱，我来这里（广州）也见识了很多有趣的人和事。

第四，初来广州做生意没赚到钱，这事对我真的就极其糟糕吗？回过头再想想，我觉得也没有那么严重。起码我在这里身体还很健康，而且也认识了一些非洲商人，去了一些中国市场，看了很多货品，这对于我继续开展自己的业务也有好处，我家里人也很好，我还会一点点简单的中文，也因为调查市场去过广州周边城市，增长了不少见识，有时候和家人打电话说给她们听，她们都很感兴趣。我家人和邻里都羡慕我有机会到其他国家走走。这么看来，其实来中国做生意，也有收获。

最后，因为没有赚到钱这件事，带来的这种挫折我真的无法忍受吗？也没有。你（社工）上周介绍我去拜访了一位在广州的我们国家的商人，他来广州经商有8年了，他说："刚来时都会遇到不少困难的，你是很幸运的，我来的时候，广州这里的政府没开设一些面向外国人的专业社工服务，他们都靠自己摸索，你现在过来，政府有一些专业服务机构和社工为外国人提供服务，你可以免费学汉语，有社工给提供许多信息，这对外国人在广州的适应是很有帮助的，你目前的困难时暂时的。"我仔细一想，他说的很有道理，我来广州一周后，就拜访了你们（社工）的服务中心，你们天天有服务，我目前在广州已掌握了不少信息，坚持下去，我相信我的生意会好起来的。

（五）引导案主建立有效而理性的信念

在引导案主驳斥自己的非理性信念时，通过对非理性信念的重新审视和反驳，案主意识到正是由于陷入这些非理性的信念，自己因此而开始忧心忡忡、伤心、绝望，对于目前的处境一味抱怨和悔恨，从而使自己的负面情绪不断积累，心理压力越来越大，目前这种广泛性焦虑就是源于自己的这些非理性的信念或态度。

在此基础上，社工适时引导案主建立新的理性的信念，具体策略为：

一是面对自己的处境或者诱发事件（A），让自己习惯提出非教条式的希望（即我"希望"我的生意能够尽快开展、我"想要"我能尽快赚点钱，而不像原来的我那种"绝对"也会很快赚很多钱、我的生意"应该"很快就会顺利等信念或态度）。

二是当遇到困难处境或者挑战事件等时，能够理性地评估该事件或处境的优缺点，也就是说面对不如意的事件或处境，能够坦然面对而不忧心忡忡，丧失希望。

三是正视挫折，提高对挫折等的容忍度。尽管我们都不喜欢困难和磨难，或者不希望一些困难的处境或事件，但我们也要勇敢面对和正视困难，而不是喋喋不休地抱怨。

四是客观地评价所面对的事件，不以偏概全、捕风逐影，不夸大事实，不苛求他人或者自己完美，要认识到每个人都有可能会犯错误，因此，不要对己对人去强求完美。

经过引导案主对其非理性信念的反思与驳斥，并运用理性信念重新审视自己跨国经商出师不利这一客观事实，这位被困扰多日的非洲商人脸上露出轻松的神情，他说自己这样思考后，也觉得自己把跨国经商赚钱想得太理想化了，完美化了，遇到挫折又走极端，对暂时的困难无限放大，自责、抱怨、逃避、绝望，这些非理性信念让他深陷其中，心里也开始焦虑不堪。这种非理性信念真是让他吃尽苦头。

五、服务成效

(一) 结果评估

社工运用理性情绪治疗法介入这位来自喀麦隆的非洲商人的焦虑症,通过10次,每次历时1小时左右的辅导,服务干预的效果如何?服务督导及项目管理方主要通过定性和定量相结合的评估方法来评量服务成效。

定量方面,通过服务开展前后案主焦虑症状的一些关键指标的前后测评对比,来客观地反映案主的焦虑症状改善情况。例如服务介入前案主的睡眠状况、饮食状况、情感情绪状况等在服务介入前后的对比及变化,明显改善了的睡眠、饮食,乐观起来的情绪,停止抱怨等一些积极的症状,能客观反映案主的焦虑困扰通过服务介入得到了改善。

定性方面,主要由案主的评价、服务督导和服务社工对服务效果的评估来体现。从案主的评价来看,案主对社工的服务干预评价很高,他说:"我之前从没接受过这样的专业服务,坦白说,他(社工)没有介入我的这个困扰前,我成天着急,睡不好,吃不下,情绪很坏,和家人、朋友不停诉说,他们刚开始还有耐心听,久了也不厌其烦,可我自己又无法改善这种状况,我真的觉得自己快要崩溃了。社工开始介入后,很神奇,辅导了几次后,我的心情明显好转,情绪心情好了,睡眠等困扰也就好很多了,尽管到目前为止我生意还没进展,但我现在心态平和多了。另外,我最开心的,也最有收获的是,我学到面对不如意换一种角度思考的办法,我觉得很有用。很感谢给我提供服务的社工,我真的很信任他。"从案主的评价来看,对服务成效,以及为他提供服务的社工的赞美都是溢于言表,体现了案主对服务效果的评价很高。

服务社工和服务督导,是为案主直接或间接提供服务的专业人员。他们一方面运用客观的前后测评对比,展示了服务的成效。另一方面,社工每次与案主的会谈记录,也真实地反映了案主接受服务后焦虑症的改善情况。

(二) 过程评估

过程评估主要体现为对整个服务过程的评估,包括社工对专业价值观以及专业伦理的运用和遵守情况等方面。从社工的服务开展中,可以看到工作人员对案主表现出充分地接纳、信任案主,整个辅导充分尊重案主,对于案主所面临的困境感同身受。因此,尽管有文化差异等,社工专业的态度也很快赢得了案主的信任和认可。在理性情绪治疗方法的运用中,社工尊重案主,理解和尊重案主的感受,鼓励案主对困扰自己的一些观念和想法进行自我分析和自我驳斥,而非以社工人为主对案主的一些观念进行驳斥,这样使案主感受到自己是被尊重的,工作人员是充分相信他是具有解决问题的能力的,社工价值观的运用在整个服务中很成功。通过辅导,社工也收获很多,对不同国籍案主的辅导,锻炼了社工的能力,案主既解决了自己的问题,也认可社工的服务,对政府所提供的面向外国人服务的举措评价也十分高。

总　结

跨国迁移者相比其他人,在身心方面存在更多的问题。本个案运用理性情绪疗法,为一位来华的有比较严重的焦虑症的非洲商人开展的辅导个案,辅导通过对这位非洲商人的非理性经商信念的驳斥,引导案主反思和驳斥自己的非理性信念,进而重建理性的跨国经商观念,案主也通过对自己非理性信念的重新思考,摆脱了消极的思考方式,能用积极的态度和方式面对当前的困境。总体而言,辅导成效比较理想。当然,授人以鱼不如授人以渔,案主通过辅导,也对自己以往看问题的态度有了一定的反思,这个个案达到了解决问题和提升能力的双重目的。

增能模式助力在穗非洲穆斯林妇女的社会调适

王海戈　王　亮

【摘要】 本个案关注在广州市的非洲穆斯林妇女的社会适应问题，以增能模式为个案介入模式，具体体现为社工在尊重她们的文化价值观的基础上，结合她们在穗社会适应的困境，通过观念增能、知识技能增能以及适应实践增能，帮助在穗的非洲穆斯林妇女提升其社会适应能力。

【关键词】 增能模式；非洲穆斯林妇女；社会适应

在经济全球化的发展背景下，中国正在由原本的移民输出国变为移民输入国，目前中国已成为世界排名第三的移民输入国。在广州市，在不断增长的来华移民中，尤以非洲跨境迁移者数量增长最为明显，并在广州市的越秀区小北路和白云区三元里一带形成了闻名世界的非洲人聚集区，也被称为"小非洲社区"或者"广州的巧克力城社区"。巧克力城社区一经形成,便吸引了来自媒体及学者们的大量关注,有关于这种类型社区形成、发展的研究,[1]也有关注于非洲不同群体类别的研究。在众多的非洲跨国迁移群体中,有一群因自己的家庭跨国流动而定居在广州的非洲妇女,本案例以在穗非洲穆斯林家庭妇女为例,运用增能模式介入非洲穆斯林妇女在穗的社会调适。

问题的缘起

近年来,我国颁发的外国人来华签证中,以家庭为流动单位的跨国家庭数量越来越多,相比于其他类型的跨国家庭,非洲穆斯林家庭妇女在我们的涉外服务中占有比较大的比重。然而,对该群体的研究却鲜有学者予以关注。特别是由于结构性原因的制约,该群体在跨国流动后存在着明显的角色调适的需要,由于性别角色调适的原因,导致她们的在华社会适应存在各种问题。现有的学术研究尤其缺乏对越秀区小北路地区非洲妇女的性别调适问题的研究。笔者对中国知网、维普、Taylor & Francis人文社科期刊数据库等中外文数据库进行文献搜索,发现中文数据库对越秀区小北路地区非裔女性角色进行研究和分析的文章数目为零,而外文数据库则侧重于来穗非裔女性的商业作用与其商业角色定位,非洲女商

---

〔1〕 李志刚等:"全球化下'跨国移民社会空间'的地方响应——以广州小北黑人区为例",载《地理研究》2009年第4期。

增能模式助力在穗非洲穆斯林妇女的社会调适

人在经济领域与非洲男商人的比较,极少关注非洲穆斯林妇女因性别角色冲突而引发的社会适应问题。

一、在穗非洲穆斯林妇女的社会适应问题

社会适应是跨国迁移者在异国他乡生存首先需要面对的任务。非洲穆斯林妇女,相对于其他群体,其社会适应面临更多的问题

(一)被动跨国迁移与非洲妇女的消极融入

女性主义学者认为,妇女所面临的许多问题,都源于其所处的社会结构所建构出的社会性别。社会性别,是指在社会文化中形成的对男女两性差异的理解,以及社会文化中形成的属于女性或男性的群体特征和行为方式。[1] 社会性别关于性别的定义是有别于生物决定论的,它认为性别分工、性别规范和性别权力关系并非人们的生理性别使然,而是社会历史和社会结构的产物。也因为社会生产力、社会环境的不同和历史的改变而发生变化。由于伊斯兰教发展过程中一些为政治服务的宗教神学家们,把《古兰经》中不利于妇女解放的、属于特殊条件下有针对性的一些法规进一步延伸、扩大,要求女性做一个温顺的女儿、温柔而又多产的妻子、强有力的婆婆或慈爱的祖母、乐于助人的婶娘等,从而使穆斯

---

[1] 谭兢常、信春鹰主编:《英汉妇女与法律词汇释义》,中国对外翻译出版公司1995年版,第145~149页。

林妇女在其成长过程中，其性别角色多为从属性的。这种性别角色也普遍存在于来穗的非洲穆斯林妇女中，这种性别角色使得其跨国迁移的社会适应往往是被动而无可奈何的。

"来广州很好，天气又不会热，我的兄弟（好朋友）很多都过来广州了，而且有这么多人和我一样信仰伊斯兰教……"我们一般是自己先到广州，找到好的发展机会后，首要的是介绍自己的亲属到广州进行商业活动，而我的妻子是属于"Secondary Choice"。当然这不是说我的妻子不重要，考虑到我来广州的主要目的是赚钱，加上要考虑生活成本等，所以，通常是在广州站稳脚，有固定的合作伙伴，生意也开展起来后，才会考虑让我的妻子和孩子来中国，这样也方便照顾我的生活。（F1#m）

在越秀区小北路地区的非洲家庭中，大多数非洲丈夫都是在中国有了稳定的经济收入，才会考虑将妻子、子女接来。换言之，即经济基础才是考虑举家迁移的首要因素，而家庭团聚与家庭温暖则是次要的考虑因素。

"来中国完全是我个人的决定，什么时候我妻子和孩子才能过来广州也是我决定的。这个当然是我来决定的，别人控制不了我的……再说，为什么要问她（妻子），有什么不好的吗？她（妻子）过来可以照顾我，还可以跟我在一起。"（F1#m）

由于非洲穆斯林妇女的跨国迁移行为完全由自己的丈夫做主,这导致她们对于即将要移入的国家是完全陌生的,对自己的跨国迁移以及由此带来的各种挑战也毫无思想准备。正因为如此,她们在移入国的生活方式基本上是围着丈夫和孩子的孤立封闭的生活,对移入国是完全陌生的,无论是心理上,还是行为上,都没想过要融入当地社会。

"我没想过要不要随他一起来(中国),他(丈夫)说让我来,我就带着我的孩子们来了。这事都是我丈夫来决定的。只要他说要我们来,我就一定会过来,我不喜欢这里也没办法,我们女人都以自己丈夫为中心,哪天我丈夫说走,我们就离开,我没想过要适应这里……"(F1#f)

(二) 压抑性的家庭角色与非洲妇女在华的依附性适应

从社会学视角来看,某一群体的行为特征,实则是社会结构影响下的产物。非洲穆斯林妇女的家庭角色,与其父权制传统、宗教文化以及闺阁制度等社会结构性的角色塑造密不可分。在穆斯林家庭内部,角色分工十分明确。丈夫负责在外打工经商赚钱,妻子则必须在家抚养家庭中的孩子,负责家中的大小家务。[1]这种传统的家庭角色分工随着非洲穆斯林家庭的迁移,在新的移入国其家庭性别角色依旧。就在穗非洲人而言,卡梅拉(Camara)考察了在广州的马里人家

---

[1] 范若兰:"伊斯兰教与穆斯林妇女",载《西亚非洲》1989年第6期。

庭及其家庭中的性别角色，她发现这些来自马里的移民家庭，男性在家庭中扮演着家长的角色，拥有绝对的话语权，女性扮演着打扫卫生、做饭、照顾小孩和丈夫的家庭主妇的角色。总之，由于各种社会结构性因素，在穗的穆斯林妇女在家庭性别角色中处于被动的角色安排，她们每天的生活围绕着自己的家人，极少接触东道主国家，她们在华的社会适应，确切地说是一种高度依附非洲丈夫的被动适应。

"我在这里（广州）的所有活动都是围绕着我丈夫和孩子的，除了白天会去市场买菜，基本不出门，和周围邻居从没打过招呼，在这里的生活都是按照我丈夫的要求来做的。"（F3#f）

（三）非洲妇女在华家庭适应的过客化

在穗非洲穆斯林妇女的社会适应，除了体现为消极的融入以及高度依附自己丈夫的被动适应外，由于作为家庭主妇这种消极的社会适应，使其在异国他乡的家庭规划上也表现出一种过客式家庭生活的状态。

"背井离乡来到中国，我经常觉得好孤独，我也不知道何时才能回到我的国家，这个完全取决于我的丈夫的决定，很无奈，也没啥心思在这里（广州）规划家庭生活，我除了在家搞卫生、带孩子，就是去菜市场买菜，来这里有4年了，除了周五会和家人一起到清真寺敬拜，会坐两站地铁外，也没到广州四处转转，我也没想过去转转，这里不是我家乡，也没想过要了解和深度体验这里（广州）。"（F2#f）

通过这位 2 号家庭的非洲穆斯林妇女对自己在他国的家庭生活的描述，不难看出她的家庭在异国的生活体现为一种典型过客式的生活方式。牛冬的研究指出：在广州非洲人缺乏融入中国社会的需求，就其社会融入程度来说，非洲人的融入程度是相当低的，非洲人也没有将自己所居住的广州视为在异国的新家园，在广州居住超过 10 年和刚来广州只有几个月的非洲人，他们对广州的认知和了解并无多大差别，广州的非洲人，只是中国现阶段参与全球化进程中的"过客"。[1]

语言是最好的体现移民群体融入程度的指标，对于跨国迁移者群体而言，掌握移入国的语言是跨国迁移者融入当地社会的必经途径。然而，广州的非洲穆斯林妇女，尽管有些居住在此多年，她们除了在购买生活必需品的市场能听懂一点简单的词语外，绝大多数妇女几乎听不懂汉语，更谈不上用汉语交流。这种过客式的在异国的家庭生活模式，导致这群非洲穆斯林妇女及其家庭在异国他乡的社会适应和抗风险能力很低，一旦遭遇意外，整个家庭都将陷入困境。我们这

---

[1] 牛冬："移民还是过客？——广漂非洲人的现状观察"，载《文化纵横》2015 年第 3 期。

一结论并非空穴来风,本案例中 2 号家庭(F2)在时隔不久就应验了非洲穆斯林妇女们的这类过客式异国家庭生活的脆弱性。2 号家庭的男主人,由于自己的疏忽导致自己回国后无法及时办理到来华签证。2 号家庭的女主人是一位已身怀六甲,还带着两个幼小孩子的穆斯林妇女。其家庭立刻陷入困境,直到社工及时介入并提供帮助,这位非洲穆斯林妇女和她的孩子才得以摆脱了困境。

(四)低适应能力的母亲与普遍存在的亲子关系紧张问题

前文所述,这群跨国迁移的非洲穆斯林妇女,由于在移入国难以适应,她们对于其子女的支持也十分有限。在被问到她们是如何帮助自己的未成年孩子适应异国生活时,这 5 个家庭的非洲穆斯林妇女均表示:"确实我们的孩子来到中国,也面临很多困难,但我自己也不适应,所以也没办法帮助到孩子。"4 号家庭的非洲妇女说:"我的孩子们看到这里和我们国家不一样,总是问东问西,这让我更加烦躁,我因此经常呵斥他们,我也很想解答他们的疑惑,但我自己也不知道。"由于非洲穆斯林妇女在中国适应性太差,从而使得她们在自己孩子的心目中的权威受到很大的挑战,受访的非洲妇女均表示,随着她们的孩子在广州适应得越来越好,他们会看不起自己的妈妈,对于自己妈妈的唠叨、训导会反抗、争辩,从而更进一步加剧了亲子关系的紧张。4 号家庭的非洲穆斯林妇女经常会遭遇她丈夫的家暴。她说:

"在我们非洲,穆斯林家庭的男性一般都会殴打他们的妻子的,但是他们的妻子却不可能举报他们……我的丈夫也经常打我,我希望安拉可以惩罚他。我把我的希望都寄予我的孩子,把我所有的东西都给了我的孩子,可现在我的孩子看不起我,我和他们说什么他们都不愿意听,他们觉得我在这里什么都不知道,连买个东西有时都得带着孩子让他们帮忙翻译,我心里很压抑。"(F4#f)

可以看出,非洲穆斯林妇女在跨国迁移后,在广州的社会适应存在很大的问题。从适应情况来看,她们普遍对移入国持排斥态度,采取十分消极的方式面对移入国的社会适应;也因为她们自身对于移入国的这种心态,导致她们在移入国的家庭生活是过客式的、浅层接触的,她们也因为自己很低的适应水平,而无法为自己的子女的跨国适应提供有效地支持,这使得她们在异国的生存是严重依附的,她们的家庭在遥远的异国是脆弱的,她们与子女的关系也因为她们的适应困难而面临很多问题。

二、增能模式介入在穗非洲穆斯林妇女的适应困境

非洲穆斯林妇女在华社会适应所面临的困境,既有结构性因素的影响,例如,伊斯兰国家传统的社会性别结构,宗教文化传统以及面向妇女的围阁制度等,也和非洲穆斯林妇女在华的融入意愿,融入态度以及适应能力具有密切的关系。

面对这5个家庭存在的因适应问题而导致的家庭危机或困境,社工运用增能模式,在充分尊重非洲伊斯兰国家性别制度和宗教传统的前提下,通过观念增能、认知增能和行为增能三个层面,帮助来穗非洲穆斯林妇女提升适应能力,促进她们在穗的社会适应,以促进她们解决自己的家庭问题。

(一)观念增能:培育和提升来穗非洲穆斯林妇女的跨国社会适应意识

毋庸置疑,个体的意识和态度直接影响着个体的行为。对于移民来说,其在移入国的融入意愿越强,则越倾向于实施积极地融入行为。可以说,个体的融入意愿和个体的融入行为具有直接的关联性。一般来说,移民的融入意愿通过融入意识——行为意向——融入行为的影响路径对移民融入行为实施影响。

从前文可知,非洲穆斯林妇女由于种种原因,其对于在广州的融入意识和融入意愿很低,也由于这些消极的、低意愿的融入意识,使她们与自己所居住的城市——广州保持着距离。当然,她们也因为这种不积极适应的意识而给自己在异国他乡的家庭生活及亲子关系都带来问题。因此,改变她们消极的融入意愿,协助她们树立起积极主动的融入意愿,是促进非洲穆斯林妇女在广州获得社会适应的前提。

基于此,社工对于非洲穆斯林妇女的社会适应意愿的引导,主要从融入意愿主动性、融入意愿迫切性两个方面来实施。通过会谈以及经验教训分享,辅之以适应情况好的移民的经历分享等,帮助来穗的非洲穆斯林妇女改变原来的消极被动,不愿适应移入国的心态和认知,以期通过对非洲妇女适应和融入的态度的改变,帮助其积极地适应。

(二)知识增能:培养来穗非洲穆斯林妇女的社会适应知识技能

来穗的非洲妇女社会适应存在问题,除了自身的融入意愿低,不愿适应等因素外,一些客观因素也制约着非洲妇女在华的适应。例如,语言制约,不了解移入国社会的文化和风土习俗等,从而导致其难以融入当地社会。面向来穗的非洲穆斯林妇女,通过融合学堂,移民妇女支持小组、移民妇女适应服务、移民之家等服务,提高来穗非洲穆斯林妇女在穗适应的知识和技能,以促进其适应。

(1)开展融合学堂服务。根据我们的调查,来穗的非洲妇女整体受教育程度普遍不高,八成以上非洲穆斯林妇女只有高中及以下教育程度,除了母语外,基本不知晓中文;来华后,她们在日常的生活采购中,主要依赖手势和计算器进行交易,在居住很长时间后,才可掌握一点简单的中文数字表达。由于语言障碍,她们的日常生活经常遇到各种困难。基于此,社工开办融合学堂服务,通过招募专业的对外汉语教师,结合非洲穆斯林妇女主要的日常生活场景,以及成年外国人学习汉语的特点,设计系列情境课堂,包括:"买菜常用汉语""药店常用汉语""看病常用汉语""租房常用汉语""问路常用汉语"等来华非洲妇女常用的日常交流汉语,通过角色模拟，情境对话等形式，常规化地为来穗的非洲穆斯林妇女提供语言融入服务。除此之外，社工还通过融合学堂为来穗非洲妇女开展我们的政策法规培训，广州当地居民的风土习俗培训，让她们了解中国文化，了解广州当地文化的不同，从而克服她们因为文化震惊、文化冲突所带来的对移入国文化的排斥和厌恶，通过采取灵活多样的方式，让她们对异国文化由对抗到乐于了解。

（2）提供移民融入的各类信息服务。结合非洲穆斯林家庭在穗所要适应的各种需求，采用非洲家庭熟悉的文字编制在穗生活、就医、学习、工作、旅游以及其他等多方面信息的资源一本通手册，免费为来穗的非洲人士发放。根据非洲家庭的居住地域，绘制和标注其家庭周围的资源地图，包括非洲家庭居住地域的公共服务点，公共服务主要的工作时间，可提供哪些类型的公共服务，运用非洲朋友熟悉的语言文字，为他们提供城市生活的信息与指南，方便他们及时、便捷获得在广州各方面的适应和发展的信息和资源。

（3）在非洲穆斯林妇女及其家庭开展移民妇女小组、移民之家等服务，协助非洲穆斯林群体间建立非正式的社会支持网络，通过同辈群体支持，同辈信息共享，同辈群体互助等协助非洲穆斯林妇女及其家庭搭建其在穗的社会关系网络和支持，帮助她们多渠道获得在华适应的信息和知识，促进其更好地适应。

增能模式助力在穗非洲穆斯林妇女的社会调适

（三）行为增能：创设实践帮助来穗非洲穆斯林妇女的社会适应实践

为了让在穗非洲穆斯林妇女更快速融入当地社区，社工先后开展了一系列鼓励非洲穆斯林妇女参加的社区实践活动，在实践中锻炼非洲穆斯林妇女群体的社会适应能力。

1. 中外穆斯林妇女沙龙

非洲伊斯兰国家对妇女有严格的"闺阁"制度等文化传统。因此，社工结合服务辖区也有大量来自我国西北地区的穆斯林少数民族居民的现实，组办穆斯林妇女沙龙。结合在穗非洲穆斯林妇女由于社会适应问题，出现的亲子关系紧张等问题，每期话题围绕妇女关心的亲子关系、子女教育、夫妻关系调适等话题进行讨论。由于许多穆斯林妇女掌握的汉语比较少，在此类型讨论中，她们也会借助阿语进行一些交流。由于双方宗教信仰相同，讨论话题又是孩子的教育问题，所以该服务的实施也比较顺利，一些非洲穆斯林妇女也对中国穆斯林妈妈对孩子的教育观念及措施上感触很多。

"我在布隆迪的时候，上学到高中，后来家庭太困难了，我就没有继续上学了。但是我不愿这么早结婚，想继续上学……我现在参加这些你们社工举办的活动，也开了眼界，我丈夫也鼓励我来你们的中心学汉语，他说，我们必须学会说中文才能在中国立足，最重要的是可以回国找到一个好工作。现在，不止他在学习中文，我也经常过来中心学习，我的两个女儿都去了国际学校读书，不仅可以学中文，还可以学英语、法语。我丈夫很满意这样的安排，我们的目标是我们一家人可以直接用中文交谈……以后回国我们可以找个好工作，因为我们会讲中文了。"（F3#f）

2. 牵手计划

针对在穗的穆斯林妇女及其家庭的社会适应问题，开展牵手计划，帮助链接适合的志愿者，通过一对一的帮扶方式，帮助她们及其家庭的适应。例如，针对语言学习，既有中心层面的集体学习，也会在学习之后，链接大学生志愿者，进行一对一的汉语口语训练；针对穆斯林家庭孩子的适应，也同样通过志愿者参与帮助其适应，并鼓励本社区的中国穆斯林妇女和这些来穗的非洲穆斯林妇女加强互动，帮助来穗穆斯林妇女的适应。通过这一服务，促进了非洲穆斯林妇女及其子女与当地居民之间的互动与交流，发挥社区教育的社会化功能。

3. 鼓励案主参加丰富多彩的社区活动

除此之外，结合涉外社区的多元化特点，在一些中外节日，社工举办一些社区活动，既有围绕中国传统节日的一些游园嘉年华社区活动，也有像本地居民介绍穆斯林节日、圣诞节等节日的活动，并鼓励和邀请案主和其家人参加，通过这些丰富的社区活动，让辖区内居民体验和接触不同文化，尊重不同文化，促进社区内不同族群的和睦互动。通过参加活动,本文案例所涉及的非洲穆斯林妇女及其家人有更多机会和平台与当地社区居民互动和了解。特别是多元文化社区体验活动,令不同文化的群体体验他国文化,以包容尊重的态度对待他国文化,让这些身处异国的非洲人觉得很温暖。当然,活动中最积极参加的是小朋友。趣味文化交流活动让社区内非洲穆斯林家庭的小朋友和本地小朋友熟识起来,有助于他们更好地融入社区,参与社区生活,告别孤独,在当地获得更好地适应。这类型社区活动得到了许多中外小朋友的欢迎。一位非洲小朋友激动地说:"这种活动真的太棒啦!"非洲穆斯林妇女在参加中文学习服务时也一再感谢社工的服务。她们说自己的孩子对于能有这样的机会表示很开心,说活动场面很热闹,感谢社工组织了这样的活动,让她们的孩子有更多和当地孩子接触的机会。

三、服务成效

(一)过程评估

本案例关注来穗非洲穆斯林妇女的社会适应需求,基于该群体的特点,社工运用增能模式介入帮助其实现在广州的社会适应。为了达到目标,社工结合观念增能、知识及技能增能以及行动实践增能等步骤,并结合相应步骤开展系列服务。关于本案例过程的评估,我们采取以案主的"参与率"为主要测量指标,调查结果显示,在服务初始阶段,由于非洲穆斯林妇女的观念及文化因素等影响,服务参与率较低,不少妇女都是带孩子来参加中心社工开展的面向非洲儿童的服务，送过来孩子就坚决离开，只有一位妈妈持犹豫态度参与服务，随着亲子平行小组的开展，以及来参加服务的非洲穆斯林儿童的评价越来越高，本案例所涉及的这类非洲穆斯林妇女也不断增加，许多妈妈送孩子参加儿童服务，自己则参加面向妇女的服务，服务参与率不断提高。从服务中期开始，每天都固定有 7 位到 8 位非洲穆斯林妇女参加服务。由于该项目是一个政府购买的小项目，面向服务群体的服务项目配备的社工只有 2 名，能有这样数量的服务参与率已是很高了。除了常规的服务外，社工面向非洲穆斯林妇女和儿童组织的社区活动，参与率则更加理想，许多不参加中心常规服务的非洲妇女和家人，都会参加社区活动，从参与率可以看出，服务具有比较好的效果。

（二）结果评估

对服务结果的评估，本案例主要以"满意度"为主要测量指标，从总体上看，社工的服务在这群存在适应问题的非洲穆斯林妇女及其家人中的满意度都比较理想。

"真的很感谢你们这些善良又真诚的社工，让我和我的家人在广州感受到很多温暖，愿真主永远保佑你们。坦白说，你们是我家来广州感受最温暖的中国人。我的三个孩子现在每天下午都能到中心学习汉语，他们越来越开心，他们回家总和我们展示学习的内容，'三字经'还有那个三百，记不得了（青少年社工教授的'唐诗三百首'），我和我丈夫觉得很满意孩子在这里学这么多知识。我也在这里学到很多东西，观念也变了，当然，最重要的是我现在也可以说一些汉语了，我的孩子和老公也觉得我比之前知道的多了，他们现在对我的态度也都好了很多。"（F4#f）

当然，这群参加服务的非洲穆斯林妇女中，改变最大的莫过于2号家庭的艾麦拉（化名）。前文已叙，她的丈夫由于种种原因，无法及时返回中国，她向社工求助时已身怀六甲，还带着两个幼小的孩子。面对困境，这位本来不愿适应的母亲接受了生活的挑战，她在社工以及社工所链接的各种资源的帮助下，勇敢地面对困难，后来，她的妹妹来到广州帮助她，她以自己的经历鼓励她妹妹自立。于是，在越洋商贸城B区二楼里，艾麦拉的妹妹，租了一个档口，从事化妆品生意。姐姐的经历对她触动很大。

"我姐经过一系列困难，她现在明白自己有本事很重要，我是穆斯林，在我们国家我这样抛头露面很不好，但这里（中国）许多穆斯林女性和男人一样也会外出做事，我觉得我这样挺好，我不愿意成为天天在家带孩子的，被丈夫虐打的，无法与外界联系的妻子，一旦指靠不了丈夫，就会陷入困境。我认为只要心中有安拉，继续保持着我心中的真善美就行了……中国很好啊，可以让我自由自在，又可以让我赚

到钱。你要问我为何变得这么自立自强,我觉得和我姐的影响分不开,我姐用自己艰难无助的经历,告诫我要自立。"(F2#f)

同样,3号家庭的改变更加明显。如前文所述,这位来自布隆迪的非洲穆斯林妇女,是社工服务中心的忠实案主,她每天准时来参加汉语培训,已具备一定的汉语交流能力。她和自己的丈夫都改变了原来重男轻女的观念,现在她的两个女儿都去了广州一家年学费十几万的国际学校上学。"她们在那里可以接受良好的英语、汉语教学。我希望我的女儿们能获得良好的教育,成为独立优秀的女性。"

通过这几个非洲穆斯林妇女及其家人在参与社工服务后的一些改变,可以看出,运用增能模式促进非洲穆斯林妇女的社会适应,服务成效比较理想。

总　结

随着中非贸易的进一步发展,来穗的非洲穆斯林家庭越来越多。非洲穆斯林妇女在穗的社会适应程度,直接影响着其整个家庭在穗的适应。因此,社工所开展的面向在穗外国人的社会适应服务中,非洲穆斯林妇女群体是比较重要的服务群体。鉴于非洲穆斯林妇女相比其他妇女,面临更多的文化约束和结构性性别制约,因此,在充分尊重她们的文化传统及观念的基础上,选取适当的服务介入模式,可以帮助该群体及其家人在穗获得更好地适应。本案例运用增能模式，在尊重她们的文化价值观的基础上，结合她们在穗社会适应的困境，通过观念增能、知识技能增能以及适应实践增能，帮助在穗的非洲穆斯林妇女提升其社会适应。

游戏治疗在中非混血儿童社会适应中的运用

唐夏依

【摘要】 本个案关注我国的中非混血儿童的社会适应问题,以个案进行社会工作介入,运用心理学上的游戏治疗方法对中非混血儿童的社会适应问题进行介入。通过家庭成员参与游戏互动以及邀请案主参与小组活动游戏的方式,增加中非混血儿童与他人互动的频率,逐渐改善社会适应的困境。

【关键词】 游戏治疗;中非混血儿童;社会适应

问题的缘起

伴随着全球化的影响,经济全球化带动着人口的迁徙,进而影响着人口结构的变化。中国经历四十多年的改革开放,经济财富的快速积累给中国社会带来了翻天覆地的变化,中国正在从移民"输出国"向移民"输入国"转变。中国安全稳定的经济环境成为移民贸易发展、就业创业、生活的最佳目的地。以广州市为例，据广州市公安局公布的官方数据，截至2019年12月，广州市在住外国人共86 475人，其中非洲国家人员共13 652人。[1]广州市俨然以成为"亚洲最大的非洲人聚集地"。[2]非洲裔群体为广州市添加多元化的城市风景线，近几年来，中非跨国婚姻及其子女的生活引起了移民研究的关注。中非混血子女由于身份的特殊性，他们需要经历文化与环境的双重考验，无论从身份认同还是社会适应等方面对自身的成长和发展均有深刻地影响。本文将聚焦一对中非混血兄妹的社会适应问题，以游戏治疗方法对中非混血儿童的社会适应问题进行介入，进而在现有的移民研究中发展新移民群体的移民理论。

（一）相关研究

随着贸易的发展，我国存在很多跨国婚姻，但是我国的移民进程变化比较缓慢，对跨国婚姻中所生的子女的研究比较少。美国的移民历史久远，国内外学者对美国的混血儿童进行调查研究，研究领域主要涉及种族认同、社会支持、混血儿童社会生存现状等方面。美国不同种族的夫妇结合数字

---

[1] "广州市市长温国辉：在穗外籍人员情况明、底数清"，载 https://www.gzdaily.cn/amucsite/web/index.html#/detail/1230739.shtml。

[2] 周阳、李志刚："区隔中融入：广州'中非伴侣'的社会文化适应"，载《中央民族大学学报（哲学社会科学版）》2016年第1期。

增加，混血儿也会相应增多，混血儿所引发的犯罪、被歧视等社会问题引起人们的关注。[1]美国黑白混血儿的种族身份表现为外部赋予与自我认同的两种演变路径。[2]然而混血儿童在学校生活、语言使用以及自我社会化的过程中逐渐摆脱种族身份和血缘标志。[3]有学者关注到，在有混血儿童的班级里，教师对他们的期望值偏低，混血儿童被边缘化和隐形化。[4]另外，有学者认为教育在防止社会对混血儿童以及异族人群污名化方面具有重要作用。[5]我们可以看到的是，国内外学者对混血儿童的研究层次主要停留在描述性研究层面，而使用操作化理论进行应用性研究较少，以及对于具有移民人群融入的新兴国家的研究比较少。中非混血儿童属于移民群体与国家正式公民之间的边缘群体，如何对混血儿童在移民国家成长中遇到的困境给予解决思路，还未有系统的实务方法提供，因此，本案例也为多元文化以及移民的社会工作实务研究提供一种新的视角。

---

[1] 庄涌毅："美国混血儿社会问题的探索"，载《青年探索》1986年第4期。

[2] 黄卫峰："美国黑白混血儿的种族身份"，载《世界民族》2019年第3期。

[3] David L. Brunsma, *Interracial Families and the Racial Identification of Mixed-Race Children: Evidence from the Early Childhood Longitudinal Study*, University of North Carolina Press, 2005, 84 (2).

[4] KirstinLewis, Feyisa Demie, "The school experiences of mixed-race white and black Caribbean children in England", *Routledge*, 2019, 42 (12).

[5] Sandra G. Kouritzin, "Mothering across colour lines: decisions and dilemmas of white birth mothers of mixed-race children", *Routledge*, 2016, 37 (8).

（二）个案概况

本个案的对象是一对中非混血兄妹，他们的父亲是几内亚人，信仰伊斯兰教，在中国经商多年。母亲是中国人，无宗教信仰。夫妻双方共育有一儿二女，儿子与大女儿在几内亚出生，孩子们在中国居住还未满一年。儿子小穆（化名）5岁，中文表达不流利，但是听得懂中文。大女儿小朵（化名）4岁不会讲中文，但听得懂中文。其母亲李女士向我们反映，她在家与孩子们用中文交流，但是孩子们不会用中文给母亲做出回应。小女儿2020年在中国出生，现已7个月。儿子和大女儿性格内向，不常与融合课堂的同辈交流，每次来到融合课堂，只会低头做自己的事情。社工与兄妹交流时，哥哥会做出语言上的回应，妹妹则只会用非语言回应。社工向其母亲了解到，兄妹二人在家很少与父母交流。兄妹二人的同辈群体是其小姨的孩子，平时不常外出与本地孩子玩，父母希望兄妹二人能培养开朗的性格，与身边的人交流。

一、案主所存在的社会适应问题分析

（一）语言不通，交流受限

小穆和小朵在几内亚出生，两兄妹在中国居住时间不满一年。中文程度只会输入不会输出，语言表达受限。语言表达不通影响着他们的情绪和想法的表达，在真实的生活场景中，兄妹二人不知道用什么语言去表达，他们只好选择用非语言的方式来回应外界世界。因此，他们给外人展现出一种沉默寡言的性格和状态，事实上是语言的能力限制了他们与外界的交流与沟通。

（二）家庭组成特殊，父母双方背景文化有差异

父亲的成长文化背景来自非洲，深受非洲文化的影响，而母亲的成长背景是受中国文化的影响。夫妻双方之间的文化碰撞与文化摩擦会影响下一代的抚养方式以及文化教育模式，混血子女需要在双重文化交融的家庭中摸索自己的文化模式。因此，案主在日常生活中面对两种文化的疑惑影响了与父母交流的频率和模式，他们更多情况下会选择少说多听或者以输入为主的对话方式与父母交流。

（三）居住时间短，朋辈群体网络稀疏

案主在中国居住时间还不够长，对周围环境的适应还处在一个适应过渡阶段。案主的社交范围仅限于亲友的子女或是父母，没有更多的朋辈群体。朋辈数量少影响案主的社会适应和语言表达的发展，案主的社交范围的扩张可以更好地帮助他们保持积极适应社会地心态。

（四）戒备心理强，性格内向

本案例中的案主由于语言交流能力有限，他们外显性的主要行为表现是经常保持沉默的状态。哥哥小穆面对社工的询问时总是选择低头，要么不回答，要么用很低的声音回应社工。而妹妹小朵因为不会用中文回应社工的问题而直接选择不回答，或者是用眼神来和社工沟通。

二、游戏疗法介入中非混血儿社会适应的适切性

游戏治疗在西方已有几十年的历史,在我国游戏治疗的运用处在起步阶段。玩乐是儿童的天性,游戏为儿童创造新的游玩机会启发社工以新的方法去解决儿童的相关问题。国际儿童游戏治疗学会给游戏治疗做出了界定:游戏疗法是系统地使用理论模型建立人际关系的过程,其中训练有素的游戏治疗师利用游戏的治疗能力来帮助客户预防或解决心理社会难题,以实现最佳的成长和发展。有学者认为,游戏治疗(play therapy)是治疗师以游戏为手段来矫正儿童心理行为障碍的一种治疗方法,它通过譬喻、象征、玩具和游戏等方式,使儿童自然地进行心理投射或升华,释放紧张情绪,体验现实生活中所不允许的幻想。游戏治疗主要是面对有问题的儿童,通过治疗帮助儿童解决精神上的困扰,促进他们向着正常的方向发展。[1]由此可见,游戏治疗是借助游戏的形式对案主实现治疗目标的方法,游戏治疗的核心不是游戏而是治疗。儿童与成人之间的交流沟通能力有限,儿童用语言去表达自己真实的情绪和感受是困难的,儿童更倾向于用行为或者肢体语言表现自己不安的心理和情绪。游戏治疗中的游戏设计是源自于儿童的内在生活,通过游戏让儿童降低自己焦

---

[1] 邓家英:"我国近十年学前儿童游戏治疗研究述评",载《天津市教科院学报》2016年第5期。

虑和防卫的心理状态。对于中非混血儿童来说，他们在语言的表达上受限，语言障碍影响着心理发展以及对环境的适应。本文希望通过游戏治疗帮助中非混血儿童学会接纳自己的感情，也学会更开放地表达自己的感情，积极地融入移民环境。关注移民背景下的儿童文化，关注在一定意义上等同于儿童文化的儿童游戏，就是在从儿童的角度探查不同文化在非连续背景下的变化情况，更是在思量游戏作为儿童文化的核心灵魂，在文化多元交锋中的价值和意义。[1]

三、游戏治疗在中非混血儿社会适应中的运用

结合本案例中的对象是一对年龄只差一岁多的兄妹，因此我们的介入步骤是：

（一）以家庭为中心的儿童游戏治疗

实施以家庭为中心的儿童游戏治疗。在这个阶段中，我们以家庭为中心，服务对象的初级关系是源自于父母，以父母代替社工作为治疗师的效果会更佳。Duff（1996年）发现那些参与了每周游戏的治疗活动的家庭，家庭成员之间的关系有了显著地改进，促进了互相的交流和家庭问题的解决。[2]因此，社工需要邀请父母加入游戏治疗当中。将儿童

---

〔1〕蔡东霞、夏竹筠："试析'移民'背景下儿童游戏的文化价值"，载《湖南师范大学教育科学学报》2009年第6期。

〔2〕迟新丽："游戏治疗和家庭治疗的新发展：家庭游戏治疗"，载《哈尔滨学院学报》2008年第3期。

游戏治疗融合到家庭成员治疗，提高整体家庭的效能。

在游戏中，小穆选择了一个恐龙代表自己，小朵选择了一个小熊，母亲李女士选择了一只熊猫，父亲选择了一头大象。社工将角色分配完毕，角色扮演故事展开，大象用几内亚语言教授恐龙和小熊做饭，但是熊猫会在旁边用中文对他们做出补充和指导，恐龙和小熊并没有理会熊猫。这时大象继续以几内亚语言与熊猫交流，而恐龙和小熊选择漠视的状态，不与熊猫用中文交流。即使恐龙和小熊有需求，熊猫也会同意他们用非语言的方式做出回应来满足他们的需求。当角色扮演结束时，社工邀请父母一起回顾游戏中的角色交流模式，挖掘父母与子女之间的交流模式。

通过游戏，父母和子女改变了原有的不当的沟通方式，在此基础上，我们对角色游戏的规则进行改变，我们在游戏中设置了许多挑战障碍，案主需要相互合作才能完成最后的胜利。父母双方要协商好用一种语言与案主进行表达，游戏中的每处金币获得都需要父母与子女共同用语言去表达，子女也需要开口给予父母回应。当社工听到交流双方都能开口使用同一种语言进行交流，则可以获得金币，最终积累数，换取相应的奖品。

我们发现父母之间的沟通没有形成一致的语言，当父母没有在语言的使用目的上达成一致时，案主对语言的使用也是处于疑惑的状态，案主最终会选择自己使用频率高的语言而放弃使用频率低的语言。若移民环境中的主流语言并非是案主使用频率高的语言,案主对外界的反应则是迟缓的。其次,我们发现,即使是案主以非语言的形式向父母表达需求,父母也会对案主做出需求满足,但这样的满足会削弱儿童的表达能力。当我们将游戏规则和游戏形式进行升级之后,案主在奖励条件的激励下逐渐用语言向父母表达需求,家庭成员在游戏状态下找到了最佳的交流方式。因此,笔者认为案主是愿意与父母进行沟通和交流的,只是父母的合作意识不强而降低了案主的表达欲望。

(二) 以兴趣为中心的儿童游戏治疗

第一阶段:案主与父母的沟通方式得到改善后,社工认为案主在家庭环境中与父母相处是平和且顺利的,因此,我们邀请小穆和小朵参加外国人服务中心的音乐小组活动。音乐小组活动以中非文化为主题,以音乐游戏的方式改善小组间来穗非洲儿童的社交状况。小穆和小朵在小组活动初期没有与周围的人进行交流,小组工作人员引导工作也未能引起小穆和小朵的注意,他们习惯选择在位置上做自己的事情,或只是两兄妹进行交流。

第二阶段:随着小组活动的推进,工作人员会在小组活动中期加入中国或者非洲音乐元素带领小组成员进行活动。在音乐背景下,非洲儿童天生的民族音乐天赋促使他们一起手舞足蹈。音乐的暂停与播放增加了游戏的难度,小组成员在音乐的指令下,肢体跟随音乐指令做动作,小组成员在音乐游戏中相互合作。小穆和小朵也在音乐的鼓舞下,走入了小组人群中与其他的小组成员进行律动。

以兴趣为中心的儿童游戏治疗,社工发现小穆和小朵在小组活动中会受到小组气氛的影响,热闹且受控的小组气氛会吸引小组成员参加,小穆和小朵在音乐游戏结束后还多次向工作人员要求播放音乐。小组成员在集体的音乐舞蹈中会向相邻的同伴做出非语言的交流,小穆和小朵在音乐舞蹈中改变了脸部的表情,沉默表情被微笑表情替代,主动地向工作人员表达自己的需求,进而逐渐开始自己的语言表达。社工在小组活动回访阶段时,小穆和小朵的父母向社工反应,小穆和小朵在家里与父母讲话的次数比以前更多,其父母很欣慰看到孩子的改变。

四、服务成效

以游戏疗法为介入方法,对这对中非混血兄妹的社会适应的干预,无论是过程评估还是结果评估,都达到了一定的效果。

(一)过程评估

对该个案的过程评估,我们采用案主的参与度,及其家庭参与社工服务的配合度,接受服务过程中的投入度等来衡量案主对服务的评价。从参与度、投入度来看,这对中非混血儿和他们的父母,在社工所设计的游戏环节中,参与度和投入度都很高。社工也从他们的参与中感受到了这对小兄妹的变化。他们通过参与服务,无论是和父母的沟通还是对中国的认知等都有了积极的变化。

（二）结果评估

在结果评估方面，本案例采取对服务干预前后的态度、认知、行为等的测评进行对比，以及对这对小兄妹的父母的问卷、访谈，小兄妹的同龄小伙伴的访谈等资料来评估这对小兄妹在接受服务后的问题改善情况。案主的父母对社工的服务评价很高。这对混血儿的母亲李女士说："我们的孩子在社区也经常遇到有人对他们黄黑的皮肤指指点点，甚至有的人会说更难听的话，两个孩子都还小，也不太听得懂中文，但他们感觉中国人不像他们妈妈那样，他们妈妈也是中国人，但是别人对他们就是不友好。社工真的很用心，帮助我们的孩子时用小孩子喜欢的方式，他们回家说社工姐姐对他们很好，教他们做游戏，像家人一样。"和这对小兄妹一起参加活动的其他小伙伴也说"他们变得很有趣啦"。可见，社工运用游戏疗法介入中非混血儿童的社会适应，成效比较理想。

总　结

本次介入的路径是从家庭到小组活动，以案主为中心向家庭和朋辈群体扩散的社交关系扩散。让家庭成员与朋辈群体加入游戏治疗当中，进而促进案主与他人的互动，在互动中降低社会适应的焦虑心理和心理防卫界限。通过两个游戏治疗阶段，我们发现案主的语言表达次数增多，懂得在移民环境中用主流语言给予他人回应。即使案主对语言掌握得并不是很流利，也会主动积极回答，表达得过程中姿态端正，抬头并微笑。小组活动中的游戏增加了案主与身边朋辈群体接触交流的频率，帮助案主在朋辈群体中搭建了同辈支持网络，促进其社会适应。我们可以看到游戏不仅在治疗的过程中发挥着重要的作用，游戏参与的主体也很重要。我们需要父母理解游戏带给儿童成长过程的益处，一方面，儿童在游戏治疗的过程中认识自己；另一方面游戏可以帮助工作人员洞察到家庭成员之间的相处模式，更重要的是游戏为儿童开辟了探索外部世界的新道路。因此，使用游戏治疗儿童成长中的困境的效果是显著的。对于中非混血儿童来说，虽然游戏治疗能促进他们的社会适应，但是全身心地达到完全的社会适应程度还是需要付出更大的努力。他们在种族认同上存在着两种身份困境，出生在非洲大陆，却成长在中国，同时具有两种种族特征。身份认同的疑惑、内外部文化的冲突、社会的融入、社会歧视等困境伴随着他们成长，而帮助移民国家的混血儿童改善社会适应上的困境需要移民社会全体成员的共同努力，为他们搭建起从个人到社会的支持网络。

绝望到希望：社工介入贫困外国人的紧急救济

王 亮 邓袭芳

【摘要】 作为中国发展较为前沿的城市，广州近年来吸引了越来越多的外籍人士前来"淘金"。在各类来华外籍人士中，有一些外国人由于一些原因陷入困境，需要救助。本案例关注的是来穗困境外国人的紧急救助个案，并希望基于此个案的服务实践，形成相关的决策倡导，以期为政府相关部门制定和完善面向来华外国人的管理提供决策建议。

【关键词】 困境外籍人士；紧急救助；社会工作服务；社会工作倡导

随着我国改革开放的进一步深入，近年来，来华外国人数量呈快速增长趋势。根据全国第六次人口普查数据显示，广东省常驻外国人约31.6万人。另据《羊城晚报》2016年7月16日的报道，当前广州每天实有外国人数量在8万人至

绝望到希望：社工介入贫困外国人的紧急救济

12万人，高峰出现在每年举办的春、秋两季广交会期间，在此期间每天流动的外国人接近12万人，其中尤以来自非洲的外国人群体增长数量最为迅速。非洲的外国人主要集中在白云区三元里和越秀区小北路、环市路一带。该群体不同于来华的欧美的外国人以及其他东亚国家的外国人，他们主要来自非洲发展中国家，以自由商人为主，而且增长速度快。作为一种突生的社会群体，对于我国当前的涉外人员管理，提出了一些新问题。

问题的缘起

随着中非贸易的快速增长，来华非洲人也呈现出快速增长的趋势。根据我们的调查，来华的非洲人有34.51%左右从事国际商品贸易职业，即商人群体，大约30%是来华就读的留学生群体；此外，有大约10%的非洲人在广州有自己的贸易公司或者门店；有7.39%左右的非洲人是非洲国家派驻到中国的贸易代表从事企业高管；从事其他职业的约14%左右，还有大约5%的没有固定职业，[1]从职业状况来看，来穗的非洲人整体经济状况一般，这也意味着他们在广州一旦遇到一些偶发事件，其正常的生活秩序很容易受到冲击。

在我们面向来穗非洲人的服务中也发现，在穗非洲人由

---

[1] 王亮：《大都市涉外社区治理》，中国社会科学出版社2018年版，第62页。

于种种原因,陷入困境的案例比比皆是。哈德(化名)来自刚果(金),来广州做服装生意,由于对不同党派竞选的误判,订购的一批印有竞选人物头像的文化衫无法销售出去,导致资金链断裂,生活一下子陷入困境,后来在非洲国家驻广州商会的帮助下,才得以摆脱困境。当然,在广州类似哈德这样的因为一些意外因素陷入困境的非洲商人并不在少数。针对这种类型的案例,社工需要在我国相关福利政策框架内,寻找适当的帮助手段。

一、相关研究

当今世界随着全球化的发展,国与国之间联系日趋紧密,世界范围内的人员流动也日趋频繁。[1]罗伯特·瓦普纳指出:我们的社会正呈现出"全球公民社会"的特质。[2]约翰·凯恩和罗伯特·瓦普纳都强调了当今世界全球化的不可逆转,并结合全球人口流动,强调各国应面向全球人口流动提供更多的人道援助。[3]

关于对困境外国人实施救助方面,欧美不少国家由于是移民国家,因此对困境移民的救助,基本都是纳入公民救助范畴。东南亚以及东亚一些国家,尽管不是移民国家,但面

---

[1] John Kaene, Global Civil Society.

[2] Robert Wapner, The Normative Promise of Nonstate Actors: A Theoretical Account of Global Civil Society.

[3] 转引自〔英〕赫德利·布尔、亚当·沃森主编:《国际社会的扩展》,周桂银、储召锋译,中国社会科学出版社 2014 年版,第 286~287 页。

绝望到希望：社工介入贫困外国人的紧急救济

对近年来全球化所带来的国际人口流入，特别是流入的困境外国人，也积极探讨一些适当的人道紧急救助策略。例如，马来西亚近年来出现不少服务外国人的非政府组织，它们和马来西亚政府一道，积极主动参与跨国流动的困境外国人的救助。日本尽管是一个发达国家，但日本不是一个移民国家，目前在日本的常住外国移民占到日本总人口的2%，针对外国移民，日本有名的非政府组织——鹰取社区中心（TCC），协助政府为困境外国人提供援助。例如，在1995年的阪神大地震期间，TCC通过向受困的外国人开展语言培训、资讯传递、受困帮扶等服务，让外国移民及时掌握信息，做好防护工作等，[1]在日常，TCC也积极参与到困境外国人的紧急救助中去。

我国虽然是一个非移民国家，近年来也须面对国际范围内的频繁的跨国人口流动这一现实，2001年我国成为国际移民组织观察员国；2007年12月至2010年6月，我国与国际移民组织开始开展中国移民管理能力合作建设项目；2016年6月30日，我国正式加入国际移民组织，并积极和国际移民组织合作，参与国际移民事务，为来华的困境移民提供保护。

针对本国公民，我国有完善的社会救助制度。我国的社会救助是指国家和其他社会主体对于遭受自然灾害、失去劳

---

[1] 王名等编著：《日本非营利组织》，北京大学出版社2007年版，第216~219页。

动能力或者其他低收入公民给予物质帮助或精神救助,以维持其基本生活需求,保障其最低生活水平的各种措施。很显然,作为一个非移民国家,目前我国所开展的贫困救助,救助对象为我国公民。然而,随着全球化背景下来华跨国流动人口的不断增多,对于来华的困境外国人的救助而言,这方面亟待完善。移民研究领域的学者,如宋全成教授发表的《非法外国移民在中国的现状》《英德非法移民社会问题之比较研究》以及宋运荣发表的《人道救助的尴尬与应变——透视我国救助站的困境》,周毅、何志华发表的《人权视欲下的国际人道主义》等研究成果,都认为随着我国日益成为欠发达国家的目标移民国家,我国面临着为越来越多的欠发达国家的来华跨境移民提供各类型支持的任务。据此,宋全成教授倡议我国应尽快探索和完善立法,尽快制定和实施《中华人民共和国外国人在华临时安置与社会救助实施办法》,以实现对来华困境外国人的及时救助。

二、案例介绍

案主,男,48 岁,是一位来自刚果(金)的商人。案主十年前跟随一位家乡的伙伴来到广州经商,并在这位伙伴的帮助下站稳脚跟,但这位伙伴已于五年前回国,除此之外案主在中国没有什么朋友,认识的人大都是生意伙伴,除了工作上的往来平时并没有什么交往。案主由于做生意的需要每年回非洲的祖国 2 次至 3 次,其余绝大部分时间都在中国。

案主的妻子和孩子都在刚果（金），从未来过中国，这些年和家人的联系，除了每年回国 2 次至 3 次外，主要是通过电话，因此，案主和子女以及妻子的关系也比较紧张。

近几年，案主所从事的生意越来越难做，基本都处于亏损状态，已经有三年不但没有赚到钱，反倒亏了不少钱，案主十分着急，最近这一次生意又亏了很多。目前，连租住房子的租金都拿不出，一日三餐也靠朋友接济度日，案主目前已暂住朋友家有几个月了，吃住都依赖朋友，朋友已经多次表示无法再为案主提供帮助了，案主的基本生活陷入危机。

三、社工介入该个案的实务实践

该个案是案主的朋友介绍的，社工在上门探访后，核实了案主目前困境的真实性，案主也表示出急需要获得帮助的迫切意愿。

（一）专业关系建立与案主需求评估

在初次上门走访后，社工了解到案主的困境，也感受到案主迫切希望有专业的工作人员帮助他。因此，该个案的专业关系建立很顺利。但可以看出，案主对于社工能否解决他的困难抱有很大疑虑？他和社工借钱，社工并未同意，因此，他带有怀疑的态度和社工交谈。鉴于此，社工在次日约定再来拜访，他从社区食品银行带来了一些食物和食品券给案主，也联系了好心肠的邻居给案主提供点食物，社工的细心关照令案主很感意外，也很受感动，所以后续的信任关系顺利建立了起来。

通过与案主的持续接触、对案主状况的观察以及和案主的深入谈话，社工了解到案主当前的生存困境以及程度，案主除了吃住问题困扰外，这几年尽管继续留在广州希望生意能够有所好转，但现在这个念头也没啦，他也希望社工帮他联系点慈善捐款，以凑够回国的机票。当然，除了这些外显的物质困难外，由于长期的经济不如意，案主的心理负担也很重，他在谈话中总是表露出很消极、沮丧和痛苦的神情。因此，社工评估案主的需求，除了经济层面之外，还需要心理层面的干预和辅导。

（二）对案主处境的同感及提供心理疏导

针对该案主的生活困境，社工需要整合相关资源。因此，对案主的辅导首先从心理的辅导开始。一般而言，在社会现实生活中，个人在面对居无所居，一日三餐无所保障的困境时，这种生存的沉重的压力，十分容易令个体陷入绝望崩溃的处境。本个案中这位案主，已经陷入这样的处境多日，由于这种处境致使案主的心理上也存在很大的压力。

"我和我妻子的感情是很不错的，我们每天都会通电话问候彼此。因为这两年没有回国，我很是想念她。但目前我的这个处境，让我心情真的很糟糕。我与妻子感情很好，每天保持电话联系，但两年没有回国，对妻子很想念。但因为最近这个处境，我心里很压抑，因此一打电话就常和她吵架，儿子正值青春期,本来因为我常年在国外,关系就不怎么样,现在我这样的处境,心里不舒畅,电话里也是经常起争执。感觉糟透了。"

对于案主的处境,负责社工多次登门探望案主,耐心倾听案主的遭遇,通过让案主倾诉,释放他的压力和无助感,使案主感受到社工在全力帮助他,减轻他的心理焦虑,便于案主以平和的心态和家人沟通,使其感受到更多的关心和温暖,增强案主克服困难的信心。

(三) 面对案主的困境,紧急介入提供帮扶

由于案主没有收入,生计陷入困难已两月有余,案主所依靠的朋友也明确表示无法再为案主提供食物和住所帮助,因此,当务之急是为案主紧急筹到食物和经济支持,以及找到临时住所,并在办理好出境手续后,帮助其顺利买好机票回国。

我国是非移民国家,案主是持有 M 签证的外国商人,按照我国的社会救助制度,救助的对象只能是中国公民,因此,案主目前的处境不适合我国的社会救助制度。然而案主又是需要紧急救助的对象。鉴于此,社工基于人道救助的理念,积极为案主寻求帮助。

人道救助,是以主权国家为基本行为主体,援助对象一般为陷入困境的外国人受害者,这种援助是非歧视性的,不论被援助方的贫富、种族、性别、地区、宗教或政治信仰。

援助的目的在于关爱人，保障人的生存等权利。[1] 在当前全球化背景下，由于来华外国人数量不断增长，这意味着我国需要对一些困境外国人，提供亟须的人道紧急帮助。

（1）向涉外主管部门汇报案主情况，使案主获得来自政府的帮助。案主作为来华陷入困境的外国人，由于我国国情，案主无法获得常规的民政救助。由于社工的及时汇报，广州市涉外管理部门越秀区政法委对该案主的问题高度重视，区政法委领导积极和广州市救助站取得联系。值得一提的是，救助站是我国为无家可归的国内流浪人口提供紧急庇护的场所，当前，由于国内人口流动十分频繁，因此广州市各救助站都存在床位紧张等现实。在涉外管理部门的协调下，广州市救助站很快回复可以为案主提供返回非洲国家期间的饮食和住所帮助。广州市救助站也承诺将在床位紧张的情况下，整合和开发资源，增加相应床位满足来穗困境外国人的紧急庇护。出于种种原因考虑，案主最后没有去救助站，但政府职能部门针对该困境外国人的救助服务是十分及时的。

（2）针对案主的现状，搭建邻里支持网络。本案例中的案主陷入生存困境，固然与经商大环境变幻莫测、存在风险有关，但也有案主自身的原因。例如，案主在广州的社交范围十分狭窄，只有一两个朋友，而且朋友的经济状况和他相

---

[1] 关信平：《朝向更加积极的社会救助制度——论新形势下我国社会救助制度的改革方向》，载《中国行政管理》2014年第7期。

似,案主平日除了经商外,基本不和本地社区的邻里来往,导致其社会支持很脆弱。因此,社工在尊重案主希望继续留在朋友处的意愿后,和他的朋友沟通并获得允许,并动员和组织案主的邻里,为案主提供食物,帮助案主渡过难关。

(3) 整合社区资源,为案主提供社区支持。社区是困难人员赖以生活的主要场所,是开展各类救助的主要平台。案主所居住的社区是一个外国人聚居比较集中,各国贸易商会也比较集中的区域。因此,除了发动邻居为案主提供食物帮扶,志愿者提供探访和心理舒缓外,社工也走访了案主所在社区的一些社会组织,例如辖区内共建单位,辖区内外国人商会等,帮助案主筹集回国机票善款,发动社区组织为案主提供捐款。

(四) 结合案例特殊性,形成服务倡导并提交政府职能部门

社工对一些典型案例的提炼并形成倡导,是社工的职责和使命所在,布瑞尔(Briar)是这样定义个案工作者的倡导的:个案工作者"在应对法庭、警察、社会机构和其他会影响案主福祉的机构时,要成为自己所服务的案主的支持者、顾问、战士,必要时还是代表"。布拉杰(Brager)提出:社会工作者要发现弱势群体的困境,社会工作者的职责就是意志坚定地代表弱势群体的利益。[1]

鉴于社工所介入的该个案的特殊性,以及案主问题的严

---

[1] 社会工作倡导,一个新的行动框架。

峻性及所带来的严重社会影响，社工在深入调查该典型个案基础上，结合个案情况，在服务的来穗外国人群体中开展了更深度地调查。以期了解在穗贫困外国人的数量、贫困程度、所可能带来的社会后果等，并在此基础上形成了《关于对贫困外国人开展紧急救助的建议》的社会工作倡导，提交给相关政府部门，以完善我国对各类来华外国人的管理和服务制度。

四、服务成效

对于该个案，社工共开展了9次直接服务，每次面谈或协助解决问题用时1个小时左右。由于是紧急个案，因此提供个案服务的时间周期比较密集，整个个案从接案到结案共用22天。通过及时介入，案主的住宿和饮食等生活需求得到解决，通过社工的资源链接，也为案主筹集到回国的机票款，在该个案结案后两天，案主顺利搭乘航班回国，个案服务目标达成。

（一）过程评估

过程评估主要通过社工对案主在接受服务过程中的参与度与投入度进行评价。在整个服务的开展过程中，案主由最先的顾虑社工无法帮助他，到打消顾虑对社工很信任。在整个服务过程中，案主也积极配合社工，案主从绝望到重新燃起希望。在辅导过程中，社工可以明显看到及感觉到案主的改变。通过本个案服务，社工不仅及时帮助案主化解了生存危机，而且也安抚了案主的情绪，通过辅导也让案主独立思考今后的生活发展，这也对案主今后的生活有积极影响。

(二) 结果评估

本个案的结果评估主要是通过服务是否达到了案主的需求，是否达到了社工所设定的服务目标这两个方面来衡量。从服务结果来看，社工在短短的22天时间，通过服务让广州相关的涉外政府管理部门了解到在广州也存在个别陷入贫困的外国人，政府相关部门也积极采取行动，整合公共资源来迅速回应这类贫困外国人。社工也通过动员和组织案主的各种社会资源，包括邻里资源、社区资源参与对案主的救助，从而妥善解决了案主的住宿以及饮食等基本生活需求，并通过募集社会资源，帮助案主筹集到回国的机票款，从而让案主顺利回国。因此，社工的服务是卓有成效的。

案主对于社工的服务，十分感谢。由于其中文表达有限，他给社工写了一份法语的感谢信，并到服务中心，向负责主管再次表达对中心给他提供的贴心服务的感谢。"我独自来广州做生意有几年了，尽管最后生意失败我必须回国了，但是我在这里遇到了社工，是你们把我从生存困境中拉出来，我真的觉得你们就像我的亲人、朋友一样。尽管我在中国的生意不顺利，但你们中国人的热心，让我感觉很温暖。我想我今生都不会忘记你们这些善良有爱心的社工。"从案主这段话语，也可以看出案主对社工的服务成效是十分满意的。

（三）影响评估

该个案除了获得了比较理想的过程成效和结果成效外，也产生了积极的社会影响。一是政府相关部门，通过社工的服务倡导，了解到在穗的外国人中，可能存在一些困境外国人，并采取措施，积极帮助这类人群。例如，广州市救助站就迅速行动，为该类型人群提供紧急的食宿救助。二是社会资源也积极回应。社工通过社区筹款及公益平台的筹款，令许多公众意识到来华外国人中也存在突然陷入困境的外国人群体，一些公众积极捐款，从而帮助这类个案渡过难关。三是这类困境外国人个案，也促进着我国对外国人管理制度的完善。诚如我国移民研究专家宋全成教授针对来华移民治理中提出的，需要尽快制定和出台《中华人民共和国外国人在华临时安置与社会救助实施办法》。本个案及其社工在服务后所形成的服务倡导，也许会推进我国出台相关制度政策方法的进程，从这个意义来说，本个案服务也具有比较好的社会影响。

总　结

社工介入来穗贫困外国人的个案，是一个十分具有典型性的个案。在该个案中，社工开展服务所需要依据的政策等还处于空白。因此开展服务时，需要在解决案主问题的同时，结合该类型个案的特殊性，当事人问题的严重性，以及该类型案例是否具有普遍性等问题的思考和调研，形成服务倡导和建议，从而使社工不仅仅是服务提供者，资源链接者这类服务性角色；而且是倡导者，政策建议者等角色，从而成为政府治理的小帮手。

理性情绪治疗模式介入疫情期间的在华非洲留学生

于嘉怡

【摘要】 本个案关注新冠肺炎疫情期间在华非洲留学生的心理焦虑与恐惧问题。运用理性情绪治疗模式进行介入，通过了解案主当前的个人困境，进而帮助案主识别自己非理性信念的来源。在帮助案主与非理性信念辩论的基础上，提升案主面对并克服非理性信念的能力，最终帮助案主以较为理性的思维方式代替非理性的思维方式，有效缓解了案主的心理焦虑问题。

【关键词】 理性情绪治疗模式；新冠肺炎疫情；在华非洲留学生

2020年1月30日，世界卫生组织将新型冠状病毒疫情（以下简称"疫情"）列入国际关注的突发公共卫生事件，由于疫情暴发，正常的社交网络等被打破，加之存在语言沟

理性情绪治疗模式介入疫情期的在华非洲留学生

通障碍,在华的迁移者相比本地居民更易产生消极、悲观恐慌的情绪,严重影响着其身心健康。因此,做好疫情期间对在华迁移者的情绪疏导与介入工作格外重要。通过运用理性情绪疗法针对焦虑忧虑等不良情绪,应给予一定的心理辅导,克服非理性信念重建理性信念,有利于帮助其稳定个人情绪,避免产生偏差行为。

一、理性情绪治疗模式

美国心理学家阿尔伯特·艾利斯(Albert Ellis)于20世纪50年代提出了理性情绪疗法,以人本主义作为自己的理论基础,认为人的存在是有价值的,这种价值是人天生的、固有的本性,使人不断追求成长和自我实现,在生活上表现为两种倾向:一种是健康的理性的生活方式;另一种是不良的,非理性的生活方式。理性情绪治疗模式其核心概念为"ABC"理论,A(Activating Events)是指诱发性事件;B(Belief)是指信念,即基于A产生的认知与信念;C(Consequence)是指结果,即特定情境下人们产生的情绪或行为。人们通常认为是诱发性事件A导致了结果C的产生,而艾利斯在《理性情绪行为疗法》中则指出:"引发我们情绪和行为的不是诱发事件本身,而是我们对诱发事件的认识和态度",[1]即在"ABC"理

---

〔1〕[美]阿尔伯特·艾利斯、黛比·约菲·艾利斯:《理性情绪行为疗法》,郭建、叶建国、郭本禹译,重庆大学出版社2015年版,第102页。

论模型中并非结果 C 是诱发事件 A 的直接作用结果,而是由诱发性事件 A 导致了信念 B 的产生,进而引发了相应的结果 C。

理性情绪治疗最终需要用理性信念代替非理性信念,通过帮助案主认识非理性信念的来源,教授其面对非理性信念的技巧,帮助案主最大限度地减少非理性信念给他们的情绪带来的不良影响,帮助其减少或消除原有的情绪障碍。非理性情绪治疗可分为以下四步。第一步可以直接地或间接地向案主介绍 ABC 理论的基本原理,使其了解其思维方式、所持信念是不合理的。第二步应使案主明确其情绪困扰由于其自身存在的非理性信念所致,他们应对此负责。第三步是通过以与不合理信念辩论(Disputing irrational beliefs)的方法为主的治疗技术,帮助案主认清其信念的不合理性,进而放弃这些非理性的信念,帮助案主产生某种认知层次的改变。第四步不仅要帮助来访者认清并放弃某些特定的非理性信念,而且要帮助他们学会理性的思维方式,进而代替非理性的思维方式。这四个步骤一旦完成,案主将会以较为理性的思维方式代替非理性的思维方式,从而较少受到非理性信念的困扰[1]。

---

[1] 段兴华、张星杰、侯再芳:"理性情绪疗法的理论及应用",载《内蒙古农业大学学报(社会科学版)》2003 年第 3 期。

二、理性情绪治疗模式下个案工作的实施

(一) 个案介绍

案主，女性，23岁，来自非洲国家刚果（金），是一名在华大学生，会说法语、英语以及部分中文。案主家庭条件较为优越，对中国很感兴趣，因此出国来到中国读大学。目前已在大学完成了一个学期的学习，会简单的中文交流。案主的父母和弟弟都在刚果（金）。案主与家人感情良好，隔三四天会通过电话与家人联系沟通，但由于近半年没有回国，对家人较为想念。寒假期间案主一直都独自居住在登峰街社区，由于平日与同学接触较多，居住不定，因此与周围邻居并不熟悉。突如其来的疫情，不仅打乱了案主原来游玩的计划，再加上学校频繁收集个人去向的历史记录，每隔一段时间都要向学校管理人员报告自己的健康状况并配合各种工作，案主比较反感，这加剧了自身的焦虑感与担忧情绪，害怕疫情越来越严重，担心人身健康会受到影响。

在与案主的接触沟通中，案主表示每晚睡觉前查看疫情的新闻都让她无法入睡，担心周围会出现一个病毒携带者，在这种环境下没有能力控制自己的情绪。不难看出，案主希望通过了解更多的疫情资讯信息，减少未知感，增加自己的安全感，但在面对过多的负面信息和压力信息，案主情绪有所动荡，形成了焦虑和失控感，担心疫情随时会失控危害到自己。

(二) 理性情绪治疗模式介入过程

1. 建立专业关系，了解案主需求

当社工来到案主家中时，案主表现得很急切，很焦虑。在社工了解了案主的日常生活基本信息后，案主表明自己身体状况较好，并没有出现病状。近期也没有离开过广州，没有到过疫区，但还是十分担心自己会被传染："一个人在广州，万一被传染了不敢设想，孤独。"案主提到学校一直要求报告自己状况："一开始要我报道离校时间，我不以为意；后面开始询问是否到过武汉，我就很疑惑。"案主表示自己并不清楚学校要求报告行踪的目的，社工向案主表示这是控制疫情的强力措施，把握每个人的行踪去向，能够有效保障绝大多数人的健康安全。从案主语言和行为所表现出的特征，社工与案主对个案目标进行界定：第一，注意案主身体及心理健康情况，帮助案主疏导面对疫情的焦虑情绪；第二，协助案主学会三个处理非理性情绪的方法，学习疫情期间防控的三个措施，进而帮助案主从焦虑忧愁等非理性情绪中走出来，继续正常生活。社工鼓励案主运用情绪量表进行自我测量，并希望案主在接下来一段时间内进行如实记录。

2. 探究案主的非理性信念

从案主的情绪状况监测表结果来看，其表现处于2-3，即较差的水平，心理情绪极为不稳定。结合前一阶段表现不难发现，案主非理性信念的产生是造成案主目前情绪焦虑、极度担忧等的主要原因，因此社工表示案主这一说法与一种

非理性信念较为相符,如果人的不快是外部环境因素造成的,人无法控制悲伤和情绪困扰。

2020年2月17日案主在没有提前通知的情况下主动到达服务中心寻找社工,神色比较着急,并表示自己没有足够的口罩备用,之前通过朋友购买的10个口罩已所剩无几,出租屋附近的商店、药店也已经买不到。社工先安慰案主买不到是十分正常的事情,不必过于着急。社工通过帮助案主学习使用微信穗康小程序线上预约购买口罩,在成功预约购买口罩后,案主情绪有所缓解。同时,社工询问案主最近的情绪状况,案主表示仍存在短时间因问题得不到解决而比较着急,就像今天买不到口罩一样,社工积极向案主表示案主情绪较之前有所改善,可以继续保持。

3. 帮助案主学习应对非理性信念的技巧,用积极的心态面对生活

社工表示目前案主的情绪相比第一次接触时有所改善,并鼓励案主积极学习应对非理性信念的几种技巧,以便日后主动应用,保持理性情绪。社工向案主介绍的第一种技巧为"辩论"的技巧,即尝试对自己不合理的地方进行质疑,对自己提反问句。第二种技巧为"替代性选择",鼓励案主尽可能多地想象不同种解决问题的方式,例如在疫情中,有哪些别的方法购买日常用品?如何选择不同的健身方式等。第三种技巧为"多方咨询",社工鼓励案主如果对某件事情不知所措,可通过询问不同人的意见并与自己的想法作对比,

可以向社工、老师、同学、朋友等进行咨询。经过社工的一番讲解和解释后，在社工的提问中，案主基本能做到复述并表示自己看法，有较好的回应，基本掌握了应对非理性信念的集中技巧。

在最后一节个案服务中，社工查看了案主近期的情绪记录表，数值明显趋于正常，案主表明自己情绪逐渐趋于稳定，在日常生活中也有积极运用社工教授的应对非理性情绪的技巧，明显感觉不良的焦虑情绪消失，开始关注日常生活。社工对其行为表示肯定与鼓励，并向案主表明疫情还未结束仍要保持自我防护，主动介绍目前社区疫情的现况以及社区采取的控制措施与口罩的正确使用方法和洗手的正确步骤，同时向案主派发防骗资料，提防各种贩卖口罩的诈骗信息。

三、服务成效

社工运用理性情绪治疗法对疫情期间在华非洲留学生开展了六次介入，主要从过程评估与结果评估两个方面评估服务成效。

（一）过程评估

过程评估主要通过社工对案主在接受服务过程中的参与度与投入度进行评估。在整个服务的开展过程中，案主投入程度较高，尤其是在学习如何运用三种技巧应对非理性情绪上，社工在对案主进行提问时，案主也积极表示自己对三种非理性情绪的观点与见解。同时在服务后期社工也明显感觉到了案主情绪的变化，由一开始的焦虑、不安与急躁逐渐转变为稳定的情绪，对疫情保持谨慎也不过分担忧。通过本次服务，社工不仅及时安抚了案主不安的情绪，而且教授案主以后应对非理性情绪的技巧，这也对案主以后的生活产生了积极的影响。

(二) 结果评估

结果评估主要通过将服务开展划分为前中后三个阶段，对三阶段案主的情绪进行量表检测。结果表明在服务开展前期，案主在睡眠状况、情绪状况、生活境遇上遇到较大困难。社工通过运用非理性情绪疗法进行介入干预，并主动教授案主"辩论""代替选择"与"多方咨询"三种克服非理性情绪的技巧，服务后期再次对案主的情绪进行测量。结果表明案主在个人情绪状况、睡眠状况、生理状况等方面都有了较大改善，对生活重燃了希望且前期频繁出现的失眠状况也逐渐消失，这表明非理性情绪疗法在介入案主的情绪中效果十分显著。

我们也可以从案主当前的生活状况与本次服务开展的状况考量服务效果。在目前生活状况上案主有主动表明："我现在的情绪比较稳定，对疫情比较谨慎，没有过多担忧，现在也根据所就读学校要求，在家进行在线课堂学习，并制定了一定的学习计划阅读新书籍。"不难发现案主逐渐转变了服务开展前期焦虑紧张的情绪，非理性情绪逐渐消失。同时也可以通过案主对本次服务开展的评价评估本次服务的效果，案主表示对社工的专业能力十分肯定,在服务中也收获了很多,尤其是感到社工很耐心、很亲和,对社工的服务介入评价较高。

总　结

疫情期间,物质资源的短缺、舆论信息的高度不确定性往往加剧了人们的心理焦虑与担忧,而跨国迁移者相比本地居民在社会支持网络上存在部分缺失,在语言沟通上存在障碍,因此更易产生严重的非理性情绪,进而对身心健康产生不良影响。本次个案采用理性情绪疗法对案主进行及时介入,先对案主进行情绪抚慰,并通过帮助案主识别非理性信念导致的不良结果,进而和案主一同探究其产生的原因,通过教授案主三种驳斥非理性信念的实用技巧,帮助案主重建理性信念,进而用积极的自我态度、稳定的心理情绪继续面对疫情中的生活与学习。总体来看,本次服务效果良好,是一次比较成功的疫情期间针对跨国迁移者心理适应的个案实践。

危机介入模式帮扶身患重病的马里商人

蒋何昕

【摘要】本个案关注社区外来移民群体的就医问题,以个案进行社会工作介入,运用危机介入模式的方法对外来移民群体的就医问题进行介入。通过及时处理、限定目标、输入希望、提供支持、恢复自尊、培养自主能力等方法,增强外来移民群体的就医信心和就医支持,并对改善在穗非洲人群体的就医环境提出相应建议。

【关键词】危机介入;外来移民;就医问题

问题缘起

早在20世纪90年代末,广东地区非洲人的迁徙运动就已经开始了。对于非洲人群体来说,来到中国更多的是与经济原因有关。1997年经济危机,中国的投资商开始转战非洲,"世界工厂"的廉价商品进入非洲,让当地人嗅到了商机。21世纪以来,随着中非关系和中国经济的快速发展,中非经贸往来不断增加,与此同时,越来越多的非洲商人开始"流入"中国,成为中非交流的主要参与者。

国内外的社区卫生服务已证明,社区医疗卫生服务是解决医疗保健服务领域看病难、看病贵的有效手段。"小病在社区,大病到医院,康复回社区",将成为未来我国城市居民的医疗康复的主要手段。广州市作为全球化大都市,人口众多,流动性强,密集的人流、物流和多元化的移民结构,以及不断增加的外来移民,都给社区医疗卫生服务带来了新的机遇和挑战。

一、个案介绍

(一)案主的成长与工作经历

案主,男性,43岁,在马里长大,前些年了解到中国的发展非常迅速,充满商机,自己又与中国某公司一直有生意来往,心中想着改变自己在贸易中的位置,多赚点钱,便选择来中国直接做采购生意。案主计划自己先在马里学习一点中文,等到掌握语言后再到中国做生意,如果条件允许,打算长期留在中国发展。

(二)案主的各系统情况

家庭系统:案主有两个妻子,一位是在家乡听从父母"命令"娶的,目前在身边的妻子是在中国娶的。在中国的妻子无业在家,在家主要是照顾案主的生活起居,但是案主经常不回家吃饭,大多数时候都有应酬在外,与同乡的朋友一起喝酒吃各种大鱼大肉的食物。

社会支持系统:由于案主在马里学过一些中文,语言能力还算不错,加上自己做生意巩固了一些贸易关系,认识了比较多的同乡及朋友。并且,在中国的生意开展得不错,也算是顺风顺水。

(三) 来访原因

案主在越秀区小北路附近开展商务活动的时候发现社工站有免费的中文课堂,想着再巩固一下自己的中文水平,因此前来咨询。社工初步了解到案主目前正处于一种消极情绪当中。因为案主回到家之后发现,妻子不能理解自己,跟她没有话题可聊,她只懂得在家煮饭,但是这些菜并不符合案主的胃口,这让他感觉婚姻生活很无趣。另外,服务对象向社工表示,最近腹部经常疼痛难忍,但又不知道什么药比较有效,也不知道药在哪里可以买得到,想问问社工自己该怎么办才好。

社工向案主询问疼痛的症状和原因。他表示自己在中国做生意,大吃大喝是在所难免的。加之自己喜欢喝啤酒,回家比较晚,经常凌晨三四点才睡觉。同时又因为自己的疼痛,心情较差,回到家里妻子与自己又没有什么交流,导致最近的情绪十分低落。社工向案主解释,身体的疼痛是出现问题的征兆,吃药只能暂时缓解疼痛,但是不能完全治愈身体的病症。案主表示明白身体健康的重要性,并表示希望能在社工的陪同下前往医院就医。

根据危机介入模式的原则,由于危机的意外性强、造成的危害性大,而且时间有限,需要社会工作者及时接案、及时处理,尽可能减少对案主及其周围人的伤害,抓住有利的可改变的时机。于是,社工先引导案主处理好自己的身体健康问题,迅速与案主制定了个案服务计划,向案主介绍相关的医疗资源和医疗知识,推荐案主到有对外国人服务的现代医院,由于现代医院有翻译的服务,现代医院的医生护士有丰富的医学知识,可以对患者进行专业的医学方面的翻译,给案主解释相关的医学问题。案主听后表示认可并愿意前往就医。

二、介入理论——危机介入模式

1946年,林德曼(E. Linder Mann)与卡普兰(G. chaplain)合作提出"危机调适"的概念,认为压力、紧张和情绪的调适与危机有紧密的关系。20世纪50年代,美国开始从事预防自杀的研究,并且成立了预防自杀的危机介入中心。1974年,美国正式将危机介入模式列入社会服务的重要项目,并且逐渐在社会工作领域推广开来。

(一)危机介入模式的内容

危机介入模式是一种具体的工作方法,通常涉及两个方面:一是减轻危机事件的负面影响;二是利用危机事件帮助服务对象解决目前面临的现实问题,并且同时提升服务对象

危机介入模式帮扶身患重病的马里商人

适应环境的能力。危机是指一个人的正常生活受到意外危险事件的破坏而产生的身心混乱的状态。危机介入模式就是针对服务对象的危机状态而开展的调适和治疗的工作方法。就对个人生活的影响而言,危机通常可以划分为两类:普通生活经历(universal life experience)的危机和特殊生活经历(extraordinary life experience)的危机。普通生活经历的危机是指每个人在成长过程中必然遭遇的困难。特殊生活经历的危机是特殊人群遭遇的、通常会给受害者造成严重的不良后果,甚至导致长期的生理、心理或者社会功能的损害。某个特殊的事件之所以成为危机需要同时满足三个方面的条件。一是阻碍服务对象重要目标的实现,使服务对象基本需要无法满足。二是超出服务对象现有的能力,使服务对象无法凭借以往的方式解决而增强服务对象的不安和焦虑,让服务对象陷入一种不良的循环中。三是导致服务对象出现心理失衡,使服务对象处于心力交瘁的脆弱状态中,无法忍受任何生活压力。危机介入模式所说的危机是指当下或者近期发生的特殊事件,具有即时(immediacy)和紧急(urgency)的特征。危机的发展阶段一般可以分为四个基本阶段:危机(crisis)、解组(disorganization)、恢复(recovery)及重组(reorganization)。危机是指危机事件发生的最初阶段,在这个阶段随着危机事件的出现,生活的压力剧增,服务对象开始运用习惯的问题解决机制解决面临的生活困难。危机事件就进入第二个阶段:解组。在解组阶段,服务对象处于极度的情绪困扰中,认知和问题解决的能力下降,平衡生活被打乱;如果危机事件影响的是家庭,它还可能导致家庭关系的紧张甚至破裂。危机事件的第三个阶段:恢复。它是指服务对象经历了解组的痛苦经历之后,开始调整自己的行为方式,寻找适应危机环境的新的解决方法。接着,服务对象就进入危机事件的第四个阶段:重组。在重组阶段,服务对象从混乱的生活中重新拾回自信,恢复新的平衡生活,通常这个阶段还包括家庭关系的重建。不过,危机介入模式认为,并不是所有的服务对象都能够恢复到危机前或者比危机前更好地平衡生活状态。

(二) 危机介入模式的原则

危机介入模式是围绕着服务对象的危机而展开的调适和治疗工作,它的目的是在有限的时间内快速、有效地帮助服务对象摆脱危机的影响,因而危机介入模式注重不同服务介入技巧的综合运用。①及时处理。②限定目标。危机介入的首要目标是以危机的调适和治疗为中心,尽可能降低危机造成的危害,避免不良影响的扩大。③输入希望。危机发生之后,服务对象通常处于迷茫、无助、失望的状态中,所以在危机中帮助服务对象的有效方法是给服务对象输入新的希望,让服务对象重新找回行动的动力。④提供支持。⑤恢复自尊。社会工作者在着手解决服务对象的危机时,首先需要了解服务对象对自己的看法,帮助服务对象恢复自信。⑥培养自主能力。整个危机介入过程就是社会工作者帮助服务对象增强自主面对和克服危机能力的过程。简言之,危机介入模式采取的是一种心理、社会相结合的服务介入策略,将服务对象的内部心理调整与外部资源链接整合在一起,并且针对服务对象危机的消除提供直接有效的服务。这种介入策略常常涉及三个基本方面的服务:危机中无助感受的处理、外部社会资源的挖掘以及服务对象应对危机能力的提升。

(三) 危机介入模式的特点

危机介入模式的运用对社会工作者提出了很高的要求,这也形成了危机介入模式的自身特点:迅速了解服务对象的主要问题、快速做出危险性判断、有效稳定服务对象的情绪及积极协助服务对象解决当前问题。第一,迅速了解服务对象的主要问题。社会工作者需要将自己的注意力集中在服务对象最近的生活状况上,采用开放式的提问方式引导服务对象整理自己的想法和感受,迅速了解和分析服务对象面临的主要问题。第二,快速做出危险性判断。社会工作者在了解服务对象的主要问题过程中,需要对服务对象采取破坏行为的可能性和危险程度进行评估,以便给予及时的介入和治疗。第三,有效稳定服务对象的情绪。社会工作者需要借助简洁易懂的语言、专心地聆听、感情的支持等技巧稳定服务对象的情绪,与服务对象建立相互信任的合作关系。第四,积极协助服务对象解决当前问题。一旦服务对象的情绪稳定之后,社会工作者就需要协助服务对象分析危机产生的原因,并根据危机发生的原因制订介入计划,解决当前面临的、亟须解决的问题。在服务对象周围他人的支持下,协助和检查介入计划的执行，帮助服务对象克服危机的影响。

三、服务过程

(一) 针对危机、及时介入

案主在社工的陪同下来到现代医院就医。在就诊过程中，案主向医生讲述腹部疼痛的位置，医生根据案主的描述，开了化验单，要求案主做一个"胃镜"的检查。通过"胃镜"的检查和"活体"检查，医生表示案主患有胃溃疡，而且胃有穿孔，胃液漏出来，危及周围的器官。听到这，案主十分沮丧地用左手抚摸着额头，眼中流露痛苦的神色。站在一旁的社工轻轻拍着服务对象案主的背部以示安慰。医生建议做一个详细地检查，能全面地了解案主的身体情况。想到自己近期的经济状况和家庭情况，有些犹豫，表示自己会考虑医生的建议。

走出现代医院，案主看上去情绪非常低落，感到十分沮丧。社工紧接着询问案主的打算，了解案主的意图。案主显然表示自己不太想在医院治疗，想着吃药治疗就可以了，而且他现在没有那么多钱看病。社工听罢，认真劝告案主。案主现在的情况比较严重，胃溃疡、胃穿孔而且胃液已经出现渗漏，如果再拖延治疗，很可能会影响到其他的器官，最后只会越来越严重。接着，社工向案主分享了一个自己身边的真实案例，案主听后态度有一些转变，但还是犹豫大于决心，表示会考虑，现在不想谈论，要回家休息。社工表示理解案主的处境，但还是希望他能够慎重地考虑一下，勇敢面对，积极就医治疗。

（二）输入希望、提供支持

第二次服务，社工陪同案主到现代医院取体检报告。案主最终还是听取了医生的分析和建议，同意进行手术。由于案主的疼痛持续了一段时间，情况已经比想象中严重了，费用上肯定也是一笔不小的开销。案主向医生询问治疗费用的问题，听后表示自己需要一些时间来筹集。医生的建议是希望能够尽快进行手术，毕竟案主的身体状况不容乐观，只有尽早治疗才能防止病情继续恶化。案主认真地点点头，表示自己已经明白。

在社工陪同案主回家的途中，案主表示回家后要和妻子商量一下，才能安排办理住院和术后的事宜。社工表示充分理解，同时也安慰案主，通过正规科学的治疗是可以治愈并且恢复健康的。同时，社工也观察到案主在取检查报告的时候，精神状态不太好。之后了解到，案主自从知道自己的病情后，寝食难安，每天都睡不好，加上自己胃痛，精神状态就更不好了。一路上，沉默的时间占据了大半，看着案主神不守舍、沉默寡言的样子，社工也不禁感到心疼。

（三）恢复自尊、培养自主能力

第三次服务，案主和妻子一起按照约定的时间来到医院，社工引导案主办理住院及手术手续。听从医生的安排，送案主进手术室。社工在室外与案主的妻子一同等待。在这期间，社工向案主妻子介绍自己、介绍机构的服务。

手术结束后，医生向我们表示手术十分成功，但是需要休养一段时间，恢复身体，在这期间不能过于操劳。同时，妻子听到丈夫平安无事的消息后，默默地走到床边，看着自己的丈夫，脸上满是欣慰。

四、服务成效及反思

（一）服务成效

经过一段时间的调养，案主健康出院。社工了解到案主要出院回家，于是来到医院跟进案主的情况。案主看见社工很高兴，表示这段时间住院做手术，自己认识的朋友和生意合作伙伴没有来探望他，一个也没有，只有一两个在微信上发信息问候，对于这件事他感到有点伤心。接着，案主感慨地说，这段时间多亏身边有妻子照顾，虽然她不善言辞，不怎么会表达，但是她总是在默默地照顾着自己。以前总觉得和妻子无法进行交流，但是现在好像能明白妻子的意思了。妻子就是那样默默地在背后给予自己支持的人，虽然没有过多的表达，但是妻子没有怨言。案主表示，这次生病的经历的确让他对生活和生命有了新的感悟。

出院后，案主大部分时间在家里静养，情况比较乐观，同时在妻子的帮助下，健康饮食，规律作息，生活也越来越好。虽然自己之前赚的钱，都用在这次治病上了，但是他表示最重要的是身体的健康，他也相信之后的一切都会慢慢好起来。

危机介入模式帮扶身患重病的马里商人

本次案例，社工巧妙地运用了危机介入模式的技巧，首先，对案主的"危机"情况进行了及时的处理。确定此次服务的首要目标是引导案主及时就医治疗，以危机的调适和治疗为中心，尽可能降低危机对案主造成的危害，避免不良影响的扩大。之后，看到案主通常处于迷茫、无助、失望的状态，社工也给案主输入了希望，让案主重新找回行动的动力。并为他提供了一系列的支持，最终案主身体痊愈，恢复了正常的生活，对生活的理解也更加深刻了。

（二）服务反思

与此同时，本次案例有值得反思的地方：如何引导涉外社区的外来移民群体科学精准就医？社工机构作为社区多元治理的重要主体在社区医疗服务体系建设的过程中可以采取以下方式：

首先，扩大招收志愿者的规模，丰富服务的种类，尽可能地将职能扩展到医疗协助的范围，安排志愿者指引或陪同存在语言障碍的外国人到社区服务中心就医。在语言培训方面，也可为社区医生开办外语课堂，提升其外语水平。除招收中国籍志愿者之外，还可招收熟悉就医流程与本地生活常识的非洲籍志愿者为在广州生活居住的非洲人提供医疗咨询服务。通过"以外国人服务外国人"的方式，向他们介绍我国的就医流程与相关政策。

其次，加强与当地社区医疗服务中心的合作，安排社区医生到外国人服务中心进行流动坐诊。为非洲人提供熟悉的就医环境，降低非洲人对社区医疗服务中心的不信任感，也可以缓解双方语言障碍带来的不便。

最后，加强宣传，在宣传机构协助就医服务的同时也要注重宣传相关的就医知识和流程，鼓励非洲人群体科学理性就医，提供多样的就医选择。

优势视角理论介入来华非洲留学生的职业梦

钟金娴

【摘要】 本个案关注在广州的非洲商人的职业发展问题,以优势视角为理论视角,具体关注困境非洲商人的社会适应问题、中文掌握程度、商贸信息获得情况等。优势视角理论为个案介入模式,具体体现为社工在尊重他们的文化价值观的基础上,结合他们在穗实现职业梦想的困境,通过承认困境、重新界定问题、挖掘案主优势、调动内在动机,最终将优势运用于行动中。

【关键词】 优势视角;非洲留学生;职业梦

问题的缘起

全球化程度的加深带来了人口的迁移。随着当今世界"多元与共生全球化"的趋势深化发展,中国凭借着经济的崛起、政治的稳定、综合国力的提升等优点，吸引了世界各地资本和人才的流入。自20世纪90年代的亚洲金融危机后，中国迎来了大规模的非洲人，其中商人群体人数最多。受国际经济形势、非洲经济结构、非洲"向东看"政策、中非关系发展、中非合作论坛以及政府政策等方面的影响，来华非洲商人逐渐形成了"在华非洲商人"群体。由于来华目的、心理定位和政策限制以及中非不同的文化特征，在华非洲商人具有经济桥梁身份、过客身份和双重文化身份。他们能够通过自身行为对中非关系发展产生重大影响。在经济方面，在华非洲商人能够减少非洲国内的贫困现象，同时还可以改善我国的贸易环境，促进中非双方的贸易更好发展。

一、优势视角理论介入该案例的适切性

"优势视角"是社会工作学领域的一个基本范畴、基本原理，是指"社会工作者所应该做的一切，在某种程度上要立足于发现、寻求、探索及利用案主的优势和资源，协助他们达到自己的目标，实现他们的梦想，并面对他们生命中的挫折和不幸，抗拒社会主流的控制。这一视角强调人类精神的内在智慧，强调即便是最可怜的、被社会所遗弃的人都具有内在的转变能力"。在开展个案中，社工需要发掘案主自身的潜力，激发案主自我改变的能力，让案主提高自己改变自己的能力。

近二十年来，西方国家的社会工作者将"优势视角"

（strength perspective）运用于不同的人群和各种社会工作实务领域中，优势视角为指导的实践意味着作为社会工作者所应该做的一切都要从发现、开发和利用案主的优势和资源出发，协助他们达到自己的目标，实现他们的梦想和面对他们生命中的挫折和不幸，抗拒社会主流话语的控制。作为一种新的视角和工作手段，在这两个概念发展的过程中，一场革命在静悄悄的发生，那就是对案主的带有疾病性质的解释开始削弱，对案主所具有的抗逆力的信仰在慢慢崛起。同时它也为社会工作职业中案主和社会工作者之间的专业关系注入了新的活力。在其他一些传统的治疗模式中，社会工作者常常以拥有一套精深的专业技术而高高在上，以专家和权威自居，社会工作者和案主之间的权力关系悬殊。而优势视角则向"社会工作者懂得最多"的基本假定挑战，当社会工作者在面对一个求助的案主时，非常虔诚地放下自己的专家地位和身份，进入案主的世界，以不知道的态度去聆听案主的故事，学习案主的文化以及案主在解决自己困难时曾经运用的智慧和毅力，发现存在于案主身上的抗逆力和所具有的优势，然后和案主一起协作来进一步界定问题，重新构建新的生活方式，这样的一种专业关系才是一种真正的平等、合作的关系。

对案主的问题进行评估是社会工作实践中的一个重要环节。在评估过程中，以什么样的视角去看待案主、案主过往的生活经历及其目前的状况尤其重要，因为它决定了最终的服务方案，从而也决定了案主未来努力改变的方向。用优势视角去评估案主的抗逆力看上去似乎并不深奥，它与社会工作原有的信仰、价值相一致，并没有什么特殊的地方。它揭示了这样一条神圣的原则，即"一切以案主为出发点"，相信人可以改变，每个人都有神圣不可侵犯的尊严，都应该受到平等的尊重。在优势视角中，几乎所有的境遇和个人特征都可以看作是案主的优势。几乎所有的人在任何境遇下都有优势存在，无论是令人欣喜的成功，还是令人沮丧的失败。即使是困难和挫折，当人们与疾病、创伤、虐待、压迫等困难抗争时，尽管是在痛苦中挣扎，却会从自己、他人、周围环境中获取能源使自己生存下去。尽管案主可能遭遇到多种多样的问题，但所有的人都具有内在的学习、成长和改变的能力，人类的精神中包含着令人难以置信的抗逆力。人们从他们自己的反复尝试中，甚至是自己加给自己的痛苦经历中有所受益。人们不仅是从成功中获取经验，还会从困难和失望中获得成长的动力。当人在痛苦中挣扎时，人的抗逆力也会在与逆境做斗争中被感悟和打造出来。

优势视角的代表人物韦克、兰珀、苏利文和克斯莎德特假设，服务对象也像其他人一样拥有天赋和能力。塞利贝对优势视角的基本理论原则做了进一步界定。他假设：每个个人、群体、家庭和社区都具有能力；创伤、受虐待、患疾病等是一种伤害，但同时也是改变的资源；每个个人、群体和社区都需要获得真诚地对待，他们的成长和改变没有上限；帮助服务对象的最好方式是合作；环境中充满了资源；创造一种相互关爱的联系是社会工作的核心。不过，塞利贝认为，优势视角的提出并不是为了否定服务对象问题的存在，而是希望改变以往过分关注服务对象问题的现象，让人们能够同时注重服务对象的能力和机会。韦克和钱姆布兰也有类似的看法，他们指出，从优势视角来看，是否有问题并不是真正的问题，真正的问题是如何寻找面对、处理和超越问题限制的具体途径，优势视角社会工作服务的目标不是否认服务对象问题的存在，而是调动服务对象、家庭以及社区的能力和资源超越问题的限制。优势视角下挖掘案主抗逆力具有以下理论假设：

（一）案主有其巨大的力量和独特的优势

在优势视角中，几乎所有的境遇和个人特征都可以看作是案主的优势。几乎所有的人在任何境遇下都有优势存在，即使是挣扎、应对和抗争虐待、创伤、疾病、困惑、压迫，人们都能够从他们自身、他人和他们周围的世界获益，人们获益于其在反复尝试中形成的抗逆力及抗争逆境中铸就的个人品质、特征和美德，这些特征包括：幽默感、关怀心、创造力、忠诚、洞察力、独立、精神想象力和耐心等。同时，优势视角非常重视案主具有的可能用于扭转不幸、对抗疾病、消除痛苦、达到目标的力量和资源。这要求社会工作者必须对案主的故事、叙事和称述保持足够的兴趣和尊重，这是指导实践的最重要的"理论"。

（二）任何环境都充满资源，逆境既是挑战也是机遇

"逆境""危机""问题"等一般来说被解释为可能会给个人带来负面结果的重大事件和环境的呈现。但是即使在这样的逆境下，周围也充满着资源，环境在增加了人产生各种问题的可能性的同时，也提供了各种保护性因素。如对流动儿童来说，虽然他们在教育和社会化等方面存在着困境，但是父母长辈的爱、朋辈的相互支持等都可以作为环境中的保护性力量即可利用的成长资源。对流浪儿童来说，他们虽然因各种原因流浪街头，但是在流浪的过程中，他们自身在这种逆境中形成了生存的技能和个人特性，政府设置的救助机构、寄养或领养家庭、类家庭等周围的环境中也充满着改变和成长的资源。因此，面临问题、危机、逆境，尽管我们可能会用一种比较复杂的方式去阐释它们的意义，但人类的生活正是因为充满了如此多的问题才变得富有挑战性和充满机遇。

（三）抗逆力是个人与环境互动的结果

西方社会工作对于抗逆力的界定经历了一个从单一视角到多重视角、从静态到动态的发展过程。最早，抗逆力一词是用来描述一个人比较稳定的用来保护个人免受危险和挫折的负面影响的特征和能力，而且抗逆力的形成和正面的结果相联系，如健康的精神状态、社会竞争能力、积极的自我概念和自我评价。后来，研究者开始认为抗逆力不仅仅是一种固定的特征和具体的结果，更主要的是一种动态的过程，它

不应该被看作个人目前拥有或者从小就拥有的特征,而是应被当作人的生命周期中可以得到提升的健康发展的正常部分。

本案例中,社会工作者运用优势视角理论介入怀有职业梦想的非洲商人,具有以下优势:案主也可能会有一些兴趣、爱好,如会演奏某种乐器、喜欢画画、有良好的口才、写一手好文章、烧一手好菜等。这些爱好只是因为他是个有"问题"的人,始终得不到承认,所以被埋藏了若干年而无人知晓,直到有一天案主站到你的面前被你发现,原来这正是他的优势所在。案主的这些兴趣和技艺不光可以向别人展示,还可以传授给别人,做其他人的老师,在教会他人的过程中,既培养了与人协作的能力,也获得了友谊和情感支持。如果我们以这样的视角去评价任何人,就会带着一种全新的眼光去欣赏他,包括那些带着问题来求助的案主。

二、在穗非洲商人的原初叙事

(一) 案主的成长与工作经历

案主为男性,33岁,目前正在刚果(金)生活经商,从事电子商品交易;案主在刚果(金)出生,从小接受优异的教育,在刚果(金)的大学毕业后从商。大学修读的是商学,对市场有独特的嗅觉。他从小就很喜欢东方文化,尤其是中国的文化,长大后想来中国旅游。在大学期间,他深入地研究过中国市场,觉得中国市场商机很大,因此想来中国经商。

（二）案主各系统情况

家庭系统：案主有一个妻子，今年 30 岁，在刚果（金）生活。他们是在刚果（金）大学念书的时候认识的，感情比较深厚，大学毕业后结婚。婚姻生活比较幸福，暂未有计划要孩子。

社会支持系统：案主在穗时间短，工作忙碌也没有参与一些聚会或组织，人际关系相对简单，社会支持系统比较薄弱。

（三）来访原因

案主在下午来到了中心找到了社工想得到帮助，详谈过后了解到了案主刚到广州，以后想在广州做生意，首先是想了解广州的情况，为以后的商贸活动打下良好的基础；其次他想学习中文，强化自己和中国人的沟通能力同时想了解广州的贸易资源。

三、优势视角理论介入过程

美国堪萨斯大学的韦克、兰珀、苏利文和克斯莎德特提出优势视角的三项基本理论原则：案主有能力决定什么是最好的；案主能够按照最好的方式行动；服务对象的个人历史和品格的独特性是个人与社会环境之间不断相互影响的结果。

（一）承认困境，提供关怀与支持

虽然社会工作者对案主的优势有着浓厚的兴趣，但是如何处理问题和解决痛苦却是案主的当务之急。因此，社会工作者要允许一定的时间以便了解案主的关注点,让案主将内心的烦恼和痛苦宣泄出来,这既是帮助案主甩掉过去、展望未来的重要步骤,又是帮助社工更好地与案主建立关系的重要方式。更重要的是,这样做对于挖掘一个家庭、社区或者一种文化的痛苦根源是非常有益的,但目的主要在于探询案主抗逆和反弹的种子,从逆境中吸取教训,找到优势。本案例中社工明白了案主的需求,并安抚了他初来乍到的不安情绪,协助其进行资料登记,鼓励他与妻子参与语言培训,再进行后续的计划安排。

(二)重新界定问题:问题本身不是问题

传统的问题视角是一套病理学范式,采用发现问题——诊断确定问题——找寻原因——做出解释或分析——提建议或开处方的工作路径,认为案主是有问题的、病态的,因此需要社会工作者这样的专家来帮助案主解决问题。而优势视角认为问题存在于语言当中,并非个体本身,案主身上的"问题"是被他周边的关系,通过社会互动内化和体验的结果。优势视角首先质疑的是对问题的理解,认为以往的服务介入策略以问题为焦点,假设案主因为有问题才寻求帮助,而且整个服务都围绕着修补案主的问题。在本案例中,案主的问题并不是由于自身能力不足而导致的,而是因为他还未适应社会环境,形成良好互动,所以社工要从全面了解案主及其所处环境的情况,才能挖掘其优势达成目标。

(1)了解案主生活经历中的风险因素。如贫穷、生理疾病、家庭矛盾、学业失败、特殊经历等。案主在与社工的面谈过程中显得比较冷静，叙述问题的逻辑比较清晰，没有多余的肢体动作。

（2）了解案主的家族及社会关系网。了解案主更多的信息有利于制定更加详细和合适的计划，通过对案主信息的了解可以清楚问题产生的原因，从而对症下药。

（3）注重案主的生活故事，提炼出其中的主角与关键配角。谁总在说话？谁告诉你这些？发生此事时谁与你在一起？你记得当时的情景吗？是你看到的还是谁告诉你的？等等。

首先，社会工作者通过询问一系列的问题来发现案主的优势，尤其注重激发起案主自己对抗逆性力量的讲述。社工不仅激发起案主对自己的问题历史的来龙去脉的介绍，那是在进行能量的过度消耗。案主会讲述与问题相关的事件的每一个细节、每一次伤害和每一次为商贸中遇到的困难所付出的艰辛努力，那些多次看过心理医生的案主甚至还能详细的讲出咨询的历史、医生的诊断和介入的信息，他们的生理和情感的能量就被这些悲哀、苦难的故事所埋没了。在这种情形之下，如果实务社会工作者的行动和计划再继续以对这些问题的进一步探究和细化为基础而设计，案主所仅存的一点能量也很快被吸入进这困惑和无望的旋涡中并被卷走。

（三）挖掘案主优势，激发优势的叙事方式

在重新界定问题之前，案主本人，包括案主的家人、亲属、社区都从问题视角描述他："无能""失败""消极"

"无价值""生活颓废"等。优势视角则转换角度看待问题，挖掘这些问题背后的功能，案主上网成瘾，逃避学习可能是为了摆脱"学习失败""不被尊重"而带来的心理压力和精神痛苦；案主行为怪异，拒绝沟通，可能是为了回避周围人的指责、抱怨、与别人比较而带来的自我挫败和否定评价，虽然这些行为不一定是合适的，但却是具有功能的：回避痛苦，减少刺激，抵御压力，维护自尊，证明意义。

（四）建立和表达期待，调动内在动机

对案主的能力和成就给予积极地反馈，帮助案主去发现生活中有积极意义的内容，特别是当案主极力否认自己的优势时。通常人们懒于承认自己所拥有的能力、资本、资源，这些体现自身优势的特征和能力在多年的自我怀疑、被他人的谴责中被埋没掉了，在有的情况下是在诊断性的标签下被磨损掉了。有时候，找不到优势的根源在于缺乏言语，因此，激励案主讲述日常生活中奋斗和成功的故事是非常有用的。例如他们曾经做过什么，他们如何生存下来，他们需要什么，他们想要避免什么。在讲述的过程中，案主必须要承认自己所拥有的优势，将它们释放出来，看它们在过去的和现在的生活中是如何表现的，进而感受到它们的存在，并且社工在旁边可以做个证明。"重新构造"是这个过程的重要特征，因为优势和抗逆力这套语言的使用。社工陪同案主前往了越洋商贸城、金山象商贸城等越秀区附近的商贸城进行参观浏览，并将已经整理好的商贸城资源册交付给案主。在与案主的相处和交谈中，案主基本能用中文进行无障碍沟通，案主也表示他最近开始尝试在广州进行些贸易活动，社工及时把握案主表露的个人成长进度，予以具体而真诚地赞扬，阶段性帮助案主回顾其这段时间以来所取得的进步，并表达对其接下来的进展予以期待和厚望。

（五）将优势应用于行动中

社会工作者在与案主重新建构意义，挖掘出案主个人的优势后，就要鼓励案主按照自己的期望，挖掘周围环境中的积极性因素，去运用刚刚发现或学习到的能力，通过与社工一起行动以寻找新的参与发展机会，以替代案主之前的应对压力或逆境的模式。对于很多长期被压力或困境折磨的人来说，这是一件非常没有把握的事情，但只要他们下定决心并开始行动，他们就会不断发现并充实其智慧库。通过上面的步骤，案主可能对自己的生活有了新的认知，并且发掘出了属于个人的优势。此时，社工要鼓励案主采取新的行动去实践并拓展自己的认知方式和优点。经过一段时间，社工和案主便需要强化和巩固这些新发现的长处和优势，并且将它们整合到案主的行为、自我形象和人际关系之中，培养案主挖掘其自身和所处环境中的资源的能力。尽可能将案主的所有优势整合起来，确保这些优势不断凸显并相互促进、持续发展，最终为案主找到适当的解决问题的方法。

社工在与案主的交谈中发现，案主的汉语进步的很快，已经掌握了基础的汉语知识，可以按照进度进行服务。案主每日接受完当天的中文堂课程后,会主动与社工交谈,表露近期的个人社会适应情况和商业进展,并与社工商讨下一步的服务计划。社工根据案主的服务接受情况适时调整服务计划,并且尽可能地延长其接受服务的时间,提高服务的效果。

对于社工而言,这意味着以探寻的方式去看哪些原生或正式资源是可得到的、可接近的,在何种程度上对案主是充足的且可接受的。此处的假设条件是案主生活的环境里有丰富的资源,包括愿意且能够提供指导、救援、安慰、资助、时间和榜样等的人、机构、社团和家庭。当人们开始为了达到目标和发挥优势而制定完善的计划时,所产生的效果是彼此联系且相互促进的。优势视角下的社会工作者往往扮演着倾听者、理解者、合作者与意义体系的启发者和重构者的角色。这一视角下的社会工作,从某种程度上来说,是案主与社会工作者之间的沟通互动的过程,在这一过程中,社会工作者与案主之间是一种伙伴关系,社会工作者与案主之间进行的是对等沟通。因此,社会工作者首先扮演的是倾听者,倾听案主的经验,生活经历,从而了解案主的意义世界。这样,通过沟通,对话与合作,对案主进行赋权,发现案主的抗逆力,理解案主的意义世界,在此基础上,解释自己对意义的理解,并通过对等沟通,将这种理解传递给案主,再接受案主新的理解,从而与案主共同重构意义体系。在这个过程中,社会工作者不再是传统意义上的专家,治疗者或权威,也不是案主"问题"的发现者,解决"问题"策略的提供者，而是案主的合作伙伴。

四、服务成效

评估是社会工作实践中的一个重要环节，以什么样的视角去看待案主的成长经验和衡量案主的现状尤其重要，它决定了最终的服务方案，从而决定了案主未来努力的方向。

（一）结果评估

定量方面，通过服务开展前后案主的焦虑症状的一些关键指标的前后测对比，来客观地反映案主的职业梦想实现情况。目前案主掌握了关于广州商贸城的地理位置、交通方式等有利信息；其中文水平能力已能满足日常需要，目前仍然在接受中文堂服务，持续提高自己的中文水平；社工也时常会在案主的课程结束后与案主进行交流，并且让案主在需要帮助的时候联系社工。

定性方面，主要由案主的评价、服务督导和服务社工对服务效果的评估来体现。从案主的评价来看，案主对社工的服务干预评价很高。

（二）过程评估

过程评估主要体现为对整个服务过程的评估，包括社工对专业价值观以及专业伦理的运用和遵守情况等方面。从社工的服务开展中，可以看到工作人员对案主表现出充分的接纳、信任案主，整个辅导充分尊重案主，对于案主所面临的困境感同身受。因此，尽管存在文化差异等因素，社工的专业和态度很快赢得案主的信任和认可。

　　案主虽然是带着问题来的，但是案主身上也有着无穷的力量和优势，社会工作者要做的就是转移案主或周围的人对问题的过分关注，与案主合作，挖掘出案主的优势和资源，引导案主参加中文堂课程，提升案主中文交流能力；为案主提供广州的商贸城资源册；引导案主参加中心的相关服务，如手工制作、歌唱小组；将社区活动信息告知案主并邀请其参加；培养案主的抗逆力，最终案主的问题会在行动中得以解决。

小组服务

社会工作的基本方法之一，也称为团体工作。指以团体或小组为对象，并通过小组或团体的活动为其成员提供社会服务的方法。其目的是促进团体或小组及其成员的发展，使个人能借助集体生活加快自身的社会化；协调和发展个人与个人、个人与团体和团体与团体之间的社会关系；发挥团体或组织的社会功能，促进社会的进步与健康发展。

同一个足球,同一个世界

——中非青少年族际互动服务探索

王 亮 王海戈

【摘要】 跨文化适应是移民在他国生存和发展必须面临的任务。中非青少年足球兴趣小组关注来穗非洲儿童的跨文化适应问题,运用小组工作方法,让来穗非洲儿童从文化体验中逐步形成对移入国文化的认同。从该小组的服务成效来看,参与小组的移民对文化的细致体验,有助于对移入国文化的接纳和认同。

【关键词】 文化体验;文化认同;非洲儿童;跨文化适应;小组工作

随着中非贸易额的快速增长,越来越多的非洲商贸人员来华经商,其中不乏随父母举家迁移来华的非洲青少年群体。当然和其他移民群体一样,他们同样存在着包括文化、同辈交往、社区等各方面的适应。在移民群体的社会适应中,儿童、青少年群体相对成年人来讲，其跨国适应相比更为容易，也更为重要。儿童、青少年一方面学习新知识，适应新环境能力强，另一方面，他们在异国他乡的适应情况，也影响着他们的父母在移入国的适应情况。因此，采取适当的社会工作方法，促进来穗非洲青少年群体在移入国的社会适应，是十分必要和有意义的服务。

一、在穗非洲青少年的社会适应需求

了解来穗非洲青少年的社会适应需求，主要通过问卷调查法、访谈法以及焦点小组等三种调查方式来了解他们在穗适应的社会适应需求。

调查显示，非洲青少年群体在穗的社会适应需要包括语言适应、交往适应、心理适应、社区适应等方面。

第一，语言适应方面。受访非洲青少年，来华前几乎都没有任何中文基础，对于遥远的中国，这群孩子也基本没什么概念，可以说是一无所知。当他们随父母来到广州，他们的文化震惊是十分强烈的。"我9岁随我的父母，哥哥和弟弟来到广州，这里和我国完全不一样，很多高楼，人也和我们长得不一样，人很多，到处都有很多人，他们说着我听不懂的话，我很害怕，我的哥哥和弟弟也很害怕。因为各种原因，我和哥哥有好长时间没有上学，只能待在家里。我们每天很好奇，但心理也很害怕，我们说的话他们不懂，他们说的我们也不懂。"

第二，心理适应方面。调查发现，来穗非洲青少年群体由于远离家乡，父母因忙于生存，很少有时间陪伴他们，加之几乎所有来穗的非洲青少年在离开母国之前对中国的认知很少，因此，面对跨国迁移所带来的各种不适，他们在心理上也很焦虑，不少青少年都表示自己很想念家乡的小伙伴，几天的新鲜感一过，就变得很无聊，听不懂外面人说的话，也看不懂电视节目。又怕又无聊。个别青少年较快地找到了读书的学校，但同样面临着因为要到新环境而心里恐慌的问题。

第三，交往适应方面。来穗非洲青少年群体除了自己的家人外，由于语言、文化等差异，很少和所居住社区的小朋友有互动。调查数据显示，超过九成的非洲青少年主要交往的同龄群体是自己的兄弟姐妹及周末去教会认识的其他非洲小伙伴。许多非洲青少年表示自己很少有中国朋友，与中国学生的接触交流很少，与他们相处存在一定的语言障碍和心理压力。

最后，社会适应方面。许多在穗非洲青少年不懂中文，汉语表达存在极大问题，饮食及其生活习惯依旧保留着非洲母国的偏好等，他们在自己所居住的社区奔跑嬉戏，说着自己的语言，身处广州，却无法融入当地社区。

可以看出，来穗非洲青少年群体普遍存在着社会适应的需要，基于此，社工结合青少年群体喜欢运动、爱踢球的兴趣爱好，在非洲青少年聚居的社区招募组建中非青少年足球兴趣小组，希望通过足球结缘，让社区的中非青少年成为朋友，从而帮助来穗的非洲青少年尽快适应广州。

二、小组工作介入在穗非洲青少年的社会适应

（一）小组工作介入非洲青少年社会适应的意义

作为社会工作的直接方法之一，小组工作介入来穗非洲青少年的社会适应，有助于帮助他们尽快适应广州的环境、生活和学习，结合青少年群体的特点，以兴趣小组的方法，帮助他们在兴趣活动中学习中文，通过中非青少年的活动参与，促进中非青少年的互动和交流，为非洲青少年在穗搭建新的同辈支持网络，促进他们的社交适应和社区适应等。当然，通过小组工作也可促进来穗非洲青少年增进对居住地的深入了解，有助于提高他们对广州的城市文化认同和社会认同。

（二）小组工作介入非洲青少年社会适应的理念

"同一个足球，同一个世界"中非青少年足球兴趣小组，社工秉持尊重、接纳、倾听、"助人自助"等专业价值理念，面向来穗非洲青少年，围绕帮助其社会适应这一主题，开展成长型的足球兴趣小组，为来穗的非洲青少年和当地青少年提供一个互动和彼此成长的平台。社工扮演组织者、支持者、资源链接者等角色，通过策划小组活动，促进中非青少年同辈支持网络的形成，协助中非青少年各种能力的发展，促进其健康成长，促进来穗非洲青少年的社会适应。

（三）小组工作介入非洲青少年社会适应的目标

"同一个足球，同一个世界"中非青少年足球兴趣小组的目标是：旨在通过此兴趣小组，以足球为媒介，帮助来穗非洲青少年扩展交际，搭建在穗的同辈社交网络，扩大其在异国他乡的社会支持；帮助来穗非洲青少年融入当地社区，获得包括语言适应等在内的社会适应；发展当地中非青少年的能力，以及服务当地社区。总目标旨在提高来穗非洲青少年在华的社会适应能力，增强他们的适应能力。

三、小组工作介入在穗非洲青少年社会适应的实践

"同一个足球，同一个世界"中非青少年足球兴趣小组，本小组分两个阶段：第一阶段，主要以社工作为组织者；第二阶段，该小组在孵化和培育出自组织领袖后，就转变为组员自我管理和发展的自治小组，并开展一些常规性活动。

在以社工为组织者和策划者的第一阶段，"同一个足球，同一个世界"中非青少年足球兴趣小组共开展了"足球结缘你我他""我爱登峰，以球会友""公益达人，我爱广州"三大主题活动，从非洲青少年在异乡他国适应所需要的语言适应、同龄交往适应、社区适应等需求，策划该足球兴趣小组，通过小组活动实现组员的适应能力。具体介入实践如下：

（一）以"足球结缘你我他"为主题的小组初始阶段

围绕着中非青少年足球兴趣小组第一阶段主题"足球结缘你我他"，社工通过制作小组招募海报、服务公众号宣传、

在涉外社区的社区活动宣传等方式，对即将组建的中非青少年足球兴趣小组进行宣传，招募组员，并通过面试等环节最终确定了15名队员，包括7名本地青少年和8名非洲青少年。随后，社工通过游戏让组员之间相互熟悉和了解，并和小组成员一起讨论，订立小组规范，订立小组契约，以及小组纪律和活动时间等。随后，社工链接活动场地，为组员提供足球娱乐的机会，并在每次活动前规划本次活动的任务、目标及组员应该达成的任务要求，在足球娱乐活动后的分享环节鼓励组员互动和交流，向小组成员总结每位组员的行为等，整个服务中，社工始终秉持依托足球，促进不同青少年互动为目的的原则，组织和策划活动。

（二）小组中期阶段融入更多适应性服务

在足球小组开展了二次活动后，组员之间的互动不断增强，整个小组的凝聚力也十分强，组员开始对本小组有十分明显的群体认同和归属。在此基础上，社工一方面组织组员继续踢球，另一方面，对组员提出更多任务，例如组员之间在踢球后要保持每天的交流，本地青少年要邀请非洲青少年去家里做客，非洲青少年也可以邀请本地青少年去家里做客，每次踢球，鼓励中非青少年家长担任志愿者，协助社工组织活动等。通过小组中期阶段的服务，来穗非洲青少年和本地青少年持续互动，同辈支持越来越紧密，本地青少年和非洲青少年成了玩伴和好朋友，非洲青少年的汉语水平、同辈支持以及社区支持都有不同程度的提高，组内非洲青少年表示自己开始喜欢在广州的生活。

(三) 小组末期阶段向自治小组转型

由于该小组的组员对于小组认同很高,组员的球艺进步很快,加上该支球队的队员组成十分独特,社工也希望组员在本兴趣小组结束后能够继续互动,组员更是希望能够依托平台以球会友,发展自我。基于此,社工结合组员在球队中的表现,培养小组领袖,并顺利地推选出两位组员,来自非洲刚果(金)的小江(化名)和本地青少年晗仔(化名),作为该足球小组以后的领袖,他们也结合这支足球队的特色,将足球队更名为"爱华小家登峰街足球队",由他们继续带领组员,以球会友,促进中非青少年族际互动与和谐。

孕育于中非青少年足球兴趣小组基础上的自治小组"爱华小家登峰街足球队",从最初的来自刚果(金)的小江到后面来自尼日利亚的约书亚(化名),他们作为这支足球兴趣小组的组长,把汗水和爱倾注到这支球队。在小组领袖的带领下,这支足球小组发展日益壮大。具体表现为:

其一,足球小组代表登峰街参与多项社会活动。随着球队的成立和球艺的日渐提高,这支来源于足球兴趣小组的群众自治娱乐球队,开始代表他们所居住的登峰街道参与一些社会活动。他们代表登峰街道参与广州市青少年足球争霸赛,获得亚军,也代表广州市参加国家广播电视总局和中央电视台共同举办的"谁是球王"中国民间足球争霸赛,获得青少年组第三名的好成绩。登峰街这个地处广州市越秀区的街道,也因为这支中非青少年足球队而声名远播。

其二,足球小组依托影响力参与社区公益事务。由于这支足球队的影响力不断增强,一些企业也开始关注,特别是一些运动品牌企业,球队也依托自己的社会影响力,积极为辖区的困难人群链接资源。例如球队链接了一批运动衣和书包,送给辖区的环境工人子女等。足球队的队员和球队的家长,除参加志愿活动外,也抽出时间,组建爱心探访队,参与对辖区孤寡长者的探访和关心。

四、"同一个足球,同一个世界"足球兴趣小组服务成效

"同一个足球,同一个世界"中非青少年足球兴趣小组自成立至今,该小组服务产生了非常明显的服务成效。

(1) 足球结缘助力青少年的社会适应。依托这支球队,来穗的非洲青少年很快和本地青少年建立起了友谊,这对于非洲青少年在当地的适应十分有帮助。"我加入足球小组是因为我爱踢足球,足球队的中国小伙伴和我们说汉语,带我们去他们家玩,有时周末还相约去广州其他有趣的地方玩,现在我可以说中国话,交流没问题,我也去过广州很多有趣的地方,品尝过许多美食,我喜欢广州。"家住登峰街的本地青少年晗仔,是这支足球队的副队长,他从小就喜欢踢球,他说:"我的理想是成为职业球员,如果不行的话,我也想自己以后能当一名教练。"在成为职业球员的道路上,他说:"想自己变得更加强壮,技术更加细腻。"因为兴趣,他积极

参加了这个足球兴趣小组，并和组员成了好朋友。他说："我们什么都会聊，没有任何沟通的障碍。刚开始，我父母对我与外国人的孩子（尤其是黑皮肤的）踢球会有意见，也反对我带一个黑皮肤的小伙伴到我家。现在，我父母的态度变了，他们欢迎我带我的足球队朋友到家里玩，也很放心我和队内的小伙伴一起踢球和玩耍。"透过足球队队员的这些话，可以看出，足球已经神奇地把文化背景不同的小球员联系在一起。这支足球队帮助中非青少年增进了族群间的了解和友谊，非洲青少年也通过球队队员的帮助，快速地适应了在当地的学习和生活。

（2）小组为中非青少年提供了多元成长支持。"同一个足球，同一个世界"中非青少年足球兴趣小组，也为中非青少年的健康成长提供了多元化支持。青少年群体精力旺盛，有旺盛的求知欲，受同龄群体的影响大。该足球兴趣小组，既能锻炼青少年的体魄，培养青少年的团队合作精神和互助精神，也能扩展本地孩子和来穗非洲青少年的交往网络，增强彼此的跨文化互动和交流，有助于其开放、包容人格心理的形成。当然，足球兴趣小组后来发展为由球队队员自我管理的自治小组，并持续到今天，也锻炼了组员们的组织、管理、资源链接等多方面的能力。

（3）小组产生了十分积极的社会效果。"同一个足球，同一个世界"中非青少年足球兴趣小组，产生了很好的社会影响力。这支球队被媒体报道和关注多达40余次，既有来自央视等国家级媒体的报道，也有多家地方性媒体、电视台的报道和采访。足球队的队长，也成为中非人民间友谊的桥梁。例如来自刚果的小江，以及尼日利亚的约书亚，都是登峰街铁杆的外籍志愿者，积极参与和协助街道的涉外社区治理工作。当然，这支源于兴趣小组的中非青少年足球队，也是一支宝贵的中外居民自组织队伍，他们参与社区建设，为涉外社区中外居民的互动，搭建起桥梁，实实在在地践行习总书记的"共建、共治、共享"社区建设新风貌。

总 结

全球化背景下跨国流动越来越频繁，青少年移民群体的跨国社会适应，同样需要关注。本案例中社工结合青少年移民群体的年龄和兴趣特点，策划足球小组帮助来穗的非洲青少年的社会适应。从该小组的服务成效来看，效果很明显。在社工服务中，有人认为兴趣类小组专业性不强，因此，对于兴趣类小组的作用不够重视。实际上，对于青少年、儿童这类群体来说，融入娱乐性的一些兴趣小组，只要在小组中融进服务目标，往往可以获得很好的效果。本案例就是一个兴趣小组的成功案例。

附件：

"同一个足球，同一个世界"中非青少年
足球队媒体新闻报道

新华社广州 2018 年 7 月 31 日："广州街道里的非洲足球小队长"，新华社记者陈寂、丁乐新闻来源：http://sports.xinhuanet.com/c/2019-08/01/c_1123205001.html。

在不久前落幕的俄罗斯世界杯上，尼日利亚国家队止步小组赛，留给非洲球迷不少遗憾。但在中国的赛场上，17岁的尼日利亚少年约书亚，却率领一支街道球队多次体会冠军的荣耀。约书亚是广州市开心社会工作发展中心承接的越秀区外国人社会融入项目之——登峰街中非青少年足球队的队长。登峰街道是广州市著名的非洲商人聚集区。为了让社区里热爱足球的孩子有球踢，广州市开心社会工作发展中心外国人服务项目部的社工，孵化成立了这支球队。由于服务社区地处登峰街道，因此，孩子们的球衣上印着"登峰"二字。

世界杯尘埃落定，属于少年们的本土"T联赛"暑期冠军杯激战正酣。一头"脏辫"、身高达1米80的约书亚，穿80号球衣，戴队长袖标，在场上担任拖后中卫。中非青少年足球队20人的大名单中，有9名外国小球员。

约书亚（中）在一场比赛前带领队员进行热身。
(7月26日摄) 新华社记者梁旭摄

为了促进中外青少年的互动交流，这支球队成立之初便向各国籍少年开放。约书亚在2015年经朋友介绍进入球队前后，队里已经有几个非洲少年，还有哥伦比亚、意大利、阿塞拜疆等国的队员。在球队成立至今的五年间，在穗非洲人对广州本土足球的关注度也逐步升温。随着广州恒大称霸中超赛场，以及来自尼日利亚的阿隆和摩洛哥前国脚哈默德相继加盟广州富力，这种关注达到鼎盛。每逢"广州德比"，现场观众席总有一部分热情的非洲球迷。

这其中也包括从小在这座城市长大的约书亚。三岁随经商的父母来到广州，他在家中由中国保姆照顾，吃中国菜、讲中国话。在广州一所非常重视足球运动的小学，约书亚看着高年级的同学踢球、比赛，喜欢上了足球。

"我四年级转学到这所学校,体育老师也是足球教练。第一天他带我们上体育课,就看到我在班里跑得快,问我有没有兴趣加入校队踢球。"约书亚得意地告诉记者:"我就跟着踢,两个月不到的时间,我球技就追上他们了。"半年时间,天赋出众的约书亚成为小学的校队主力,开始参加联赛。小学毕业后,一心想踢球的他进入恒大足校。因为外籍学生很难进入俱乐部梯队,他只在足校读了一年,但也因此认识了很多球友。后来约书亚转学到普通初中,但仍然坚持每周2次穿越广州城,只为了能在一家业余俱乐部继续受训。做贸易的父母想让他放弃足球专心读书。"他们做生意打拼很累很苦,想让我多读书,以后工作轻松一点。"约书亚说,"但我把立场放得很坚决:如果不让我踢球,那我也不读书了"。约书亚三年前加入时,正是登峰队开始在本土青少年联赛中大放异彩的时候。在他和其他中外队员的共同努力下,球队在当年春季联赛中首次获得联赛亚军,并在秋季联赛中一举夺冠。接下来的三年中,广州市开心社会工作发展中心孵化的这支足球队在广州 T 联赛中取得了三个冠军两个亚军,约书亚也升任队长。

广州市开心社会工作发展中心外国人项目负责人王海戈社工一手创建了这支中非青少年足球队。在足球队早期,他扮演了领队角色,随着这支兴趣小组发展成的足球队不断壮大,一些队员成了球队的队长。王海戈说,约书亚是外籍孩子里比较有责任感和担当的一个,会为队友在球场上争取权益，会鼓励球队里年龄小的孩子，还会默默陪队友训练。"这一点也给队友树立了榜样"，他说。

王海戈说，球队这些年从默默无闻到小有名气，个别队员还进入了职业梯队，但最大的收获是中国和外国的孩子们在训练比赛过程中，学会了包容不同文化，互相尊重彼此。

"以球会友、以球促融"也是登峰街道所在的越秀区来穗人员服务管理局的一个工作目标。这个部门以政府购买专项服务的形式，联合王海戈所属的专业社工机构，服务着这支球队及"爱华小家"成年足球队，并借此促进不同年龄、不同国籍的外国友人与本地居民相互融合。

"青少年可塑性更强，从小在这种多元环境中长大，能从中学会包容和尊重多元文化，将来走出去后会慢慢影响身边的同学、朋友和家人"，王海戈说。

在广州T联赛暑期冠军杯的赛场上，约书亚（右）冒着暴雨与对手激烈拼抢。（7月23日摄）新华社记者梁旭摄

从文化排斥到文化适应：外籍主妇的跨文化适应

王 亮　植盈盈

【摘要】跨文化适应是移民社会适应中最核心的适应内容，文化适应直接决定移民在他国的社会适应程度。本小组关注来穗外籍妇女群体的跨文化适应问题，运用小组工作方法，让来穗外籍妇女以体验式学习的方式，体验和了解移入国文化，从而形成包容性的文化观，帮助她们在异国他乡的社会适应。

【关键词】文化体验；文化认同；外籍主妇；跨文化适应；小组工作

全球化使全球人口流动的广度和深度在不断增强。在全球化的推动下，近年来，来华的外国人数量也在快速增加。近年来，在众多的来华外国人中，出现越来越多的以家庭为跨国流动单位的迁移，且不少外国人家庭在华的居住也呈现出社区化、持续久居等特点。移民研究表明,移民家庭主妇的社会适应影响着其整个家庭在异国他乡的适应程度。鉴于此,采取适当的社会工作方法,帮助来穗外籍妇女群体在移入国的社会适应,是移民社会工作服务中非常有意义的服务。本案例为我们在来穗的外籍家庭主妇所开展的小组服务,旨在通过该类型服务,促进来穗外籍主妇的跨文化适应。

一、在穗外籍主妇的跨文化适应现状

对于来穗外籍主妇的跨文化适应情况,我们主要通过访谈、焦点小组以及问卷来了解,主要涉及她们的中文情况,对中国文化的了解情况,对中国社会、中国习俗等的了解情况。从调查来看,来穗的外籍主妇主要都是跟随其丈夫来华的,其丈夫因工作需要来华,她们的主要职责是照顾家人,极少有来华、来穗的外籍主妇参与工作。她们中绝大多数受教育程度不高,基本无法用中文沟通和交流,对中国社会文化以及习俗的了解十分有限。她们的跨文化适应问题体现为:

(一) 对移入国的恐惧和迷茫

从当前我们调查的数据来看,随家庭移居到广州的外籍主妇,特别是我们开展服务所在地的越秀区小北路地区,绝大多数外籍主妇的受教育程度不高,无论是汉语还是对于中国社会文化的了解都十分有限,加之她们在穗的生活单一,主要围绕着家人。因此,他们在穗的一切基本都是惯性地沿袭自己国家的生活方式,由于对我国的了解十分有限,加上自己国家文化的影响，导致她们对外界生活存在抵抗性，对于所移居的国家及其所遇到的问题普遍持有惊恐和迷茫态度。

（二）文化冲突导致的对移入国文化的排斥

文化冲突指的是人从原来的文化进入另一陌生的文化而产生的负面体验，也指因迁入陌生环境或生活方式转变导致的迷失或困惑。导致文化冲突的原因很多，其中最普遍的原因是跨境迁移后的语言障碍。李明欢教授通过对在华教授美籍留学生的中文老师群体的研究表明，他们在教学中由于群体文化差异存在着明显的文化冲突。个体的文化冲突如不及时干预，可能会发展为文化排斥。文化排斥是指个体由于文化冲突对他文化的一种本能的、自动的、快速的反应，文化排斥通常伴随着消极的情绪体验（例如厌恶、愤怒、恐惧、嫉妒、怜悯等），并因此可能进一步导致对外来文化的疏离、拒绝和攻击的反应。跨文化研究学者约翰·贝利（Berry）在对移民文化适应的研究中，将移民的文化适应过程细化为融合（integration）、同化（assimilation）、隔离（separation）和边缘化（marginalization）四种反应，其中隔离反应就是移民对移入国的文化排斥，如不积极干预，就可能发展为边缘化，导致移民无法融入和适应当地社会。由于对我国文化的不了解，来穗的外籍主妇中普遍存在着一定程度的文化排斥。例如由于文化、宗教的不同，生活方式、价值观等的差异，许多在穗的穆斯林妇女初到中国，就对在广州的生活极度不适应，对当地文化存在着排斥心理。

（三）文化排斥导致的边缘化和群体封闭

约翰·贝利指出，移民若难以在移入国获得跨文化适应，必然出现文化排斥及边缘化现象。文化适应难的外国人，容易对移入国文化持怀疑、排斥等负面体验，从而主动远离移入国文化，固守和保持自己国家的文化，在当地社区容易形成主动区隔和主动边缘化，既影响了他们在移入国的适应，也影响了所在社区的和谐。

二、小组工作介入在穗外籍主妇跨文化适应的意义

（一）有助于帮助外籍主妇及家人融入当地社会

小组工作运用于来穗外籍主妇的跨文化社会适应，有助于帮助这些来穗的外籍主妇和她们的家庭尽快适应中国的生活和工作，帮助她们提高在穗的生活技能及其生活适应，提高她们及其家庭在穗的生活质量。此外，帮助来穗的外籍主妇实现跨文化适应，也有助于她和自己的子女间建立起融洽的关系，一般而言，低龄移民相比他们的父母而言，对移入国的文化适应更快，如果低龄移民的父母很难融入当地社会，一方面无法为子女提供有效地支持，另一方面，由于低龄移民存在着来自同辈的群体压力，导致他们往往和低适应的父母之间存在关系紧张的现象。因此，外籍主妇的跨文化适应，不仅仅影响自己和家人的生活质量，也影响着家庭关系。

(二) 有助于帮助来穗外籍主妇搭建社会支持网络

小组工作有利于发挥服务对象个人的优势和潜能，打造增能性社会支持网络。它和社区工作相比，后者以整个社区为服务对象，受众范围广泛，在服务的过程中不同群体间的矛盾冲突也较多，很难形成稳固的特定组员的互动团体；而特定的小组工作则以相同类别的人群作为服务对象，如本例中的小组以来穗的外籍主妇群体为服务对象，由于小组工作开展服务的人数适中，组员之间可以有较为充分的互动，组员间人员变动较少，一旦形成了稳定的小组凝聚力，组员之间很容易建立起信任和持续互动及合作的关系。另外，小组工作注重发挥小组动力，使每个小组成员都能在互动中发现个人价值，并体会到组员间合作互助的重要性，从而有助于形成稳固的社会支持网络。

三、小组工作介入在穗外籍主妇跨文化适应支持小组实践

(一) 跨文化适应支持小组的招募

针对来穗外籍主妇的跨文化适应需求，社工通过服务中心的服务传单派发、社区宣传、网上服务平台的服务招募广告等多种形式，招募组员。共有9名外籍主妇参与了本次"跨文化适应成长小组"。除此之外，为了更好地开展小组服务，跨文化小组共招募熟悉英语或法语的志愿者共20名，整

个小组共开展了 7 节次小组服务。

(二) 跨文化适应小组的服务思路

移民研究学者指出，跨文化适应是一个受多方因素影响的复杂过程。一般说来，可分为外部因素和内部因素，或宏观因素和微观因素。外部因素包括自文化与他文化的文化距离、社会支持网络、他文化对移民母文化的接纳等，个体因素包括移民的民族中心主义、对移入国文化的刻板印象与偏见，移民对他文化的接纳心态等。结合学者关于跨文化适应的影响因素，我们的跨文化适应支持小组共分为 6 个阶段，分别是小组成立阶段、组员信任与合作阶段、介绍本地文化阶段、中外文化比较阶段、多元文化接触及体验阶段，积极调适与跨文化适应阶段。

(三) 跨文化适应小组服务过程

1. 跨文化适应支持小组计划书

小组名称	外籍主妇跨文化适应支持小组
小组性质	支持小组
小组目标	1. 让来穗外籍主妇确立积极的跨文化适应观念 2. 帮助来穗外籍主妇扩大其社会支持网络 3. 帮助来穗外籍主妇感受多元文化，体验多元文化 4. 帮助来穗外籍主妇提升跨文化适应的能力 5. 帮助来穗外籍非洲主妇获得跨文化适应

续表

小组名称	外籍主妇跨文化适应支持小组
小组主要阶段	小组成立及组员信任与合作阶段；介绍本地文化阶段；中外文化比较阶段；多元文化接触及体验阶段；积极调适与跨文化适应等阶段
小组成效评估	过程评估；目标达成评估；结果评估

2. 跨文化适应支持小组实施

以"缘聚羊城"为主题的小组初始阶段。本阶段，在社工招募并确定好小组组员后，社工通过游戏让组员之间相互熟悉和了解，并和小组成员一起讨论并订立小组规范，订立小组契约，以及小组纪律和活动时间等。并通过小组游戏，小组动力营造等技巧，使小组成员互相熟悉，相互合作，形成凝聚力高的小组团体。

以"我是蒲公英"为主题的小组中期阶段。本阶段，主要通过三次小组活动，如"中文文化概况及掠影"、"本地习俗和节日的由来"等，运用视频等各种手段，向来穗外籍主妇介绍中国文化和习俗，并链接和对接汉语志愿者和组员结成一对一的语言帮扶对子，帮助来穗外籍主妇学习生活中所需要的汉语交际。来穗外籍主妇可以借此了解中国文化，促使其确立积极的态度来面对文化震惊和文化冲突等跨文化适应之初所面对的困难。

在来穗外籍主妇初步形成了一些积极的跨文化态度后，

结合来穗外籍主妇所关心的话题，例如亲子关系如何处理？如何规划子女成长及教育？中外节日传说等主题，或者通过组织本地主妇志愿者一起参与趣味茶话会，或者是"一人一故事"的中外节日趣谈沙龙等，让来穗外籍主妇更进一步接触和认识我国文化，比较中外文化，形成对我国文化的正确文化态度和认知，当然，各类型支持性志愿者的参与，也让来穗外籍主妇感受到我国文化的宽容和热情，从而进一步强化她们对移入国文化适应的主动性。

以"体验广州，乐享广州"为主题的小组后期文化体验阶段。在这一阶段，结合游在广州、食在广州、乐在广州、美在广州、玩在广州等具体的文化体验，让来穗外籍主妇感受到自己所居住的地方的文化魅力和吸引力，进一步夯实她们对异国文化的兴趣，积极体验和接触他国文化，克服文化震惊和文化冲突，消除对移入国文化的刻板印象和片面认知，以开放、积极的态度面对移入国文化，积极适应他国文化。

四、在穗外籍主妇跨文化适应支持小组服务成效

外籍主妇跨文化适应支持小组取得了比较好的服务效果。具体的成效评估，我们采取过程评估和结果评估两个方面来体现。

（一）过程评估

过程评估方面，评估者主要有项目督导、社工、项目负责主管，评估内容也包括小组组员的反馈。项目督导主要负

责评估和监督服务计划书的落实情况，小组每一节次以及每一阶段的目标达成情况，小组的凝聚力情况，组员参与度情况等。负责该服务的项目督导对于社工所开展的在穗外籍主妇跨文化适应小组的整个服务过程评价很高，尽管组员来自不同国家，语言、宗教等各不相同，但随着服务的开展，她们都能克服困难积极、准时参与服务，在每一节次服务中都积极参与小组讨论和分享。对于社工的评估，具体内容包括对每次小组前的活动准备、工作者之间的配合、工作者的引领技巧、特殊事件的处理等，通过服务对象以及项目管理者的反馈来看，小组服务的工作者十分敬业、认真，整个小组各节次的服务准备和实施都十分专业和认真。

（二）结果评估

对外籍主妇跨文化适应支持小组的结果评估，我们主要评估该小组服务是否完成了小组的预定目标，组员的行为是否发生了变化等，评估依据包括问卷调查及访谈结果。

首先，组员通过服务形成了主动的跨文化适应意愿。在小组开始前，许多来穗外籍主妇由于种种原因，面对文化冲突，除了震惊，更多的是迷茫和排斥。也因此面对移入国的文化存在很多负面的认知。"我是因为我先生在这里的生意，而不得不来的，我很不喜欢这里的一切。"来自马里的主妇说的这番话，得到了好几个组员的认同。然而，随着这个跨文化适应小组的进一步发展，组员对于所居住的国家的态度，以及不同文化的碰撞，都有了积极的变化。同样是这位来自马里的妇女,在小组活动结束后,表示自己通过这个小组,了解了许多中国的文化,"刚来时确实很不适应这里,语言听不懂,遇见的各种人和事都不喜欢。这段时间社工和志愿者带着我们体验中国文化,我们参观了许多很漂亮的地方,我现在越来越喜欢这里了。我的孩子的汉语比我好,我和我丈夫给他们报了汉语学习班,学好汉语以后会有好前途"。社工阿芳表示:"我可以很明显地感受到,一开始小组的组员都很消极,不主动,但她们现在很积极,也很主动。"

其次,组员了解并乐意学习中国习俗文化。通过这个为期两个月的小组服务,来穗外籍主妇对中国文化由不喜欢到开始关注,其中一些组员更是显示出热爱。来自几内亚的非洲组员说,她觉得她的孩子来广州读书后学了很多东西,她说她们家之前在欧洲待过,孩子在学校学不了什么东西,她认为学生就应该学东西,而不是一味玩耍。但在中国,孩子们每天学很多知识,她对中国的教育评价很高。社工和志愿者带领这群组员去参观中国改革开放展,并和组员介绍中国社会的历史变迁,组员们感触很多,她们表示羡慕中国的发展,希望自己的国家多和中国学习。

最后,组员的跨文化适应能力得到明显的提升。体现在通过小组服务,这些来穗外籍主妇学会了一些简单的日常汉语,特别是小组志愿者开展的牵手计划,帮助她们更深入地了解了中国。个别组员甚至和本地志愿者成了朋友。由于对中国文化的不断深入了解,以及他们的跨文化适应能力的不断提升，她们对于有别于自己国家文化的中国文化，由文化震惊到文化尊重和文化认同。

总　结

跨文化适应是每位跨境迁移者都需要面对的话题。移民的跨文化适应状况如何，直接影响着他们在移入国的生活质量。随着全球化背景下来华外国人的不断增多，面向来华外国人开展跨文化适应方面的服务，既可以帮助外国人在华顺利融入，防止他们成为边缘人，也有助于我国政府对来华外国人的治理。本小组关注来穗的外籍主妇的跨文化适应问题，通过社工的服务实践证明，小组服务有助于帮助外国人提高其跨文化适应能力。

从文化体验到文化认同：非洲儿童的跨文化适应

唐夏依

【摘要】 跨文化适应是移民在他国生存和发展必须面临的任务。小组关注来穗非洲儿童的跨文化适应问题，运用小组工作方法，让来穗非洲儿童从文化体验逐步形成对移入国文化的认同。从该小组的服务成效来看，这种文化体验式小组，有助于移民对移入国文化的接纳和认同。

【关键词】 文化体验；文化认同；非洲儿童；跨文化适应；小组工作

根据中国 2010 年第六次人口普查的数据，广东省的外籍人口数为 74 011 人。[1] 自 2000 年中国加入世界贸易组织以

---

[1] 国务院人口普查办公室、国家统计局人口和就业统计司编："中国 2010 年人口普查资料"，载 http://www.stats.gov.cn/tjsj/pcsj/rkpc/6rp/indexch.html。

来,中国对外开放进一步加速。珠三角地区以"世界工厂"著称,广州市作为广东省的省会,在这里的非洲人比在中国任何其他地区的非洲人都多。全球化的趋势不可逆转,广州在全球化的潮流中成了一个国际性的大都市。活跃的市场经济吸引着不同国家的人前往广州经商与投资,政策法规的动态调控和不断地完善,使得流动人口在新迁入的城市中得到有效的社会支持。针对外国人的流动性、外国人数量日增,以及派出所和街道办自身状况所限,同时由于政府部门办事程序的强制性、严肃性等原因,外国人管理服务工作站的设立成为政府解决问题的必然产物。广州已设立外国人管理服务中心,外国人管理服务工作站是从管理外国人的政府机构分离出来的临时工作部门,具有非编制、临时性等特点,可以调节政府部门的管理压力,有助于提高外国人办事的效率和实效性,同时增进外国人对我国政府机构的信任,增加移民融入的拉力。[1]广州目前外国人来穗管理制度,更多是行政管理类规范性的指导文件,对于如何具体到根据群体以及服务领域划分的执行性文件,还需要不断地完善和推陈出新。

随着 20 世纪 80 年代末最早一批非洲裔的外国人来穗经商谋生开始,在国家改革开放力度以及程度不断加大的过程中,更多非裔外国人会在谋生的过程中重构自己的群体空间,

---

[1] 周博:"在华非洲人管理新模式:广州外国人管理服务工作站",载《广西民族大学学报(哲学社会科学版)》2016 年第 4 期。

形成非洲裔的民族"社区"。非洲裔的民族"社区"有内群体的社会支持网络,营造内群体的生活场所和空间,成为随迁非洲后裔的支持空间和场域。族群"社区"只是建立日常的生活场所,非洲后裔的社会支持需要被构建。目前在穗的公共教育资源只能满足本地户籍适龄儿童以及少数中国外来流动人口子女,外籍人口子女的教育资源和社会教育资源还要被挖掘和链接。社会福利资源的覆盖面在满足本地常住人口的前提下,还需考虑外籍人口享受城市公共资源的福利,以扩大社会的包容度。

非洲后裔随其父母进入移民城市,他们在新移民的生存空间下面临着跨文化的认知适应、语言、生活环境、身份认同、被标签化等困境。首先,由于流动儿童的地区来源多样,他们一般需要面临双语环境。其次,他们需要经历家庭的源文化环境,又要面临移民国家的多元文化环境。另外,他们需要在不同的环境中处理源文化与主流文化的价值冲突,在成长过程中内化成自己的一套文化价值观。[1]有学者对非洲群体研究分析,非洲裔人士社会适应的策略不同于西方移民理论的解析,他们既不愿意被主流社会"隔离"(segregation)或排斥(exclusion),也不选择"同化"(assimilation);既主动选择"分离"(separation),又策略性选择"融入"(accultura-

---

[1] 杨依博:"美国流动儿童城市社会融入研究",广西师范大学2016年硕士学位论文。

tion)。[1]他们不但要继承非洲民族的文化,而且还要适应迁移国家的文化。在族群非主流文化与移民地的主流文化的相互作用下,不得不经历民族文化与他者文化的调试与融合来区分民族身份。他们既有儿童成长过程中的共性表现,也有跨文化背景下儿童发展的个性特征,因此,他们在适应中面临的困境也给当地政府的城市治理和外籍人员管理带来了新的挑战。

一、非洲儿童跨文化适应现状

非洲儿童的人口结构来源多样,他们或是从小在广州出生并在广州成长,或是在自己国家出生随同父母一起过来广州,生活经历丰富多元。无论是在广州出生还是跟随父母来到广州,他们都需要共同面对的现实——适应。他们需要在自己民族文化体系中抽离以进入移民国家的文化环境,不断地在两种文化环境下找到平衡点达到最舒适的适应。

(1)非洲儿童生活环境适应:非洲儿童接触的生活场域会让他们对生活的社区景观保留记忆,他们的生活经历会在与父母或者朋辈群体的互动中提高对生活环境的熟悉度。例如:非洲儿童会熟悉广州的地标景观和生活的社区景观。"我知道这里是哪里,这里是广州塔,我去过这里"(C-AS-

---

[1] 周阳、李志刚:"区隔中融入:广州'中非伴侣'的社会文化适应",载《中央民族大学学报(哲学社会科学版)》2016年第1期。

08);"我爸爸在这里工作,我爸爸带我去过荔湾涌。"(C-XL-09)"这里有卖面包的,还有卖面条的,还有麦当劳,我妈妈带我去过。"(C-TH-10)

(2)"非二代"儿童饮食习惯变化:社会适应包括生活适应的方方面面,饮食的食材是一种文化符号,饮食背后体现的是一种宗教信仰的微妙变化。他们在适应的过程中接受了移民地的文化符号,在自我宗教信仰中逐渐认同。即使他们认知中还未能完全理解自己接受饮食文化符号的意义,但也是非洲儿童对移民国家社会适应的表现。当问到他们最喜欢的食物是什么,有访谈者回答道:"我最喜欢妈妈做的酸菜鱼。"(C-BB-02)"我喜欢吃辣的,我妈妈做饭会放辣椒。"(C-AB-01)"我喜欢吃鱼蛋,上次我妈妈给我买圆圆的鱼蛋。"(C-TH-10)他们的饮食习惯会受家庭的影响,说明非洲儿童的父母自己的社会适应的行为影响着下一代的适应。移民父母的民族和种族社会化会影响到下一代,民族与种族社会化是一种隔代传递过程,也是延续的过程,上一代将族群价值观内化再传递到下一代。[1]

(3)非洲儿童心理适应矛盾:当身体进入一个他者异质文化时,也就是它在他者生活世界入场,也即身体对原来文化的生活世界的离场。在这一入场与离场的过程中,身体首

---

[1] 尹可丽、尹绍清、黄希庭:"民族与种族社会化的概念、预测因素及理论模型",载《心理科学进展》2010年第11期。

从文化体验到文化认同：非洲儿童的跨文化适应

先遭遇的是作为身体寄居场所的生活世界的置换。[1]非洲儿童在变化的文化环境下寻找身份认同，他们对文化的认知存在疑惑，而文化的不同困惑更多是通过感官上的刺激来显现的。在这过程当中会出现反文化休克，非二代儿童取笑自己民族的同辈穿自己民族的服饰。他们在适应他国的文化环境的过程中也在调整自己的文化认知，形成自己的一套文化体系，会对本民族、本国的文化符号产生疑问。"老师（社工）他们笑我，我穿这样的衣服（伊斯兰教服饰）他们笑我，我要去打他们。"（C-XL-09）非洲儿童最先会模仿族群的生活方式，随着成长的过程当中会理解族群中的缄默的文化，并把族群中的文化行为合理化。"有一位非洲裔女童拿了一瓶香水给我看：'这是我爸爸买给我的！'包装纸上面写着'女士香水'我问她：'你爸爸妈妈也有吗？'她说有。"（C-AM-04）有些非洲儿童不理解内群体文化当中的禁忌意义，长辈会在日常生活中出现相关的语言对话，他们也会默认禁忌文化的合理性。"男人是不能进去看别人生孩子的，我们这边人是不允许男人看女人生孩子的。"（C-AS-08）非洲儿童的认知会指导他们的行为，当在移民环境适应找到自信和归属感，移民地会释放出一种拉力，当在移民环境中找不到自己的位置，非洲儿童会感受到移民地的推力，将心理的适应注意力

---

[1] 李育球："跨文化全人适应理论建构及其教育意义"，载《重庆高教研究》2015年第5期。

转移到民族的文化当中。我们在访谈过程中询问:"你明天是要回非洲了吗?"访谈者回答道:"不是!不是!不是!明天!明天!"(C-MSF-11)这位非洲儿童口中的"明天"指的是以后,表明他并不想回非洲。虽然他汉语还不太会表达,但是他在中文融合课堂中找到了自信,愿意开口说中文,因此他不想回非洲。"你什么时候会想过回非洲?当姐姐和我聊起家里的学校的时候,我就想非洲。"(C-AB-01)

(4)非洲儿童人际交往特征:共性与个性并存。非洲儿童在选择朋辈交往的过程中具有儿童社会心理发展的共性,也存在属于他们内群体社会交往的个性。社会交往会受文化、对异性的认知等方面影响。非洲儿童的朋辈交往的共性特点在于,学龄前儿童的认知发展让其感知到男女有别,出现明显的性别意识。"我不要和女孩子玩,我要和男孩子玩,不然他们会笑我(指男孩朋辈群体)。"(C-AB-01)非洲儿童的社会交往行为的把握会受内群体的交往文化的影响,虽然非洲儿童不理解父母教育的社交方式,但是这是在性别意识背后的民族文化对社会交往的选择影响。"我妈妈不让我跟男生玩。"(C-AM-04)"我妈妈告诉我,谁如果打我妹妹,我就打回他们。"(C-BB-02)非洲儿童在双重文化背景的作用下,会形成自己的一套社会交往体系,而这个交往体系会影响着他们的社会适应和社会资本的积累。

社会适应是双重身份认同的结果,在适应过程中不断调整自己的身份,既有移民国家的身份融入,也有内群体民族文化的调和。双文化身份的整合与内生性的双文化和心理适应的时间长短有关。[1]若移民国家的主流文化与族群的非主流文化具有相似性,则会促进移民者双重文化身份的认同。移民者的心理适应时长影响着他们对双文化环境下的认知,从而在双文化环境下采取行动。

二、提升非洲儿童文化认同的理论：跨文化适应理论

跨文化适应的研究最早开始于 20 世纪,跨文化适应的过程是个体与环境的多层次互动,外来移民需要适应新移民环境的衣食住行,甚至是自我意识形态的适应。学者陈国明认为,跨文化适应是移民者族内文化与他者文化持续不断融合的过程。[2]族内文化的驱动力与他者文化的嵌入,两个文化互动能量的差异形成了移民者在移民国家适应模式的选择。Berry 提出了四种文化适应模式：融合、同化、区隔、边缘化。[3]这四种文化适应模式反映了移民者的母体文化与移民国家主流文化的相处状态,移民者选择何种文化适应模式影响着他们在移民国家的适应程度,双方是一个文化博弈与挣

---

[1] Sylvia Xiaohua Chen, Verónica Benet-Martínez, Michael Harris Bond, "Bicultural Identity, Bilingualism, and Psychological Adjustment in Multicultural Societies: Immigration - Based and Globalization - Based Acculturation", Blackwell Publishing Inc, 2008, 76 (4).

[2] 陈国明、余彤:"跨文化适应理论构建",载《学术研究》2012 年第 1 期。

[3] John W. Berry, "Immigration, Acculturation, andAdaptation", Applied Psychology, 1997, 46 (1).

小服务，大情怀：涉外服务的广州实践

扎的过程。

根据埃里克森的人生八阶段理论，非洲儿童的自我人格的形成是多变的，同时也是可塑的。非洲儿童不同的人生阶段影响着人格的选择，而文化适应程度反映着非洲儿童的文化适应模式。非洲儿童的文化适应模式的选择是被动的，主要受家庭和社会的影响，家庭代表着非洲儿童的母文化，而社会代表着移民国家的主流文化。因此，社会工作帮助非洲儿童适应需要解决好两者文化之间的共通性，及时引导非洲儿童的文化适应意识，形成非洲儿童在移民国家的最佳文化适应状态。

三、跨文化适应小组干预策略

在跨文化的背景下，非洲儿童群体的成长需要用跨文化视角来思考这一群体的生存现状的文化背景。笔者选择在广州市开展田野调查，试图用无结构访谈法和社工小组工作方法，了解非洲儿童文化适应的现状以及帮助其文化认同。越秀区小北路黑人聚居区因全球化下新的"自下而上"的跨国经济联系而生，因广州城市的商贸文化、宗教历史、贸易网络和地理气候条件而兴盛，其跨国移民多为来自西非地区的族裔散居者/漂泊者（Diaspora），其人口构成异质多元，且流动性强。[1]广州市越秀区小北路与下塘西路之间是非洲裔聚

---

[1] 李志刚等："广州小北路黑人聚居区社会空间分析"，载《地理学报》2008年第2期。

集的地区之一，非洲儿童群体也经常活跃在这一片区。

本文使用的数据来源于广州市 DF 外国人管理服务中心的跨文化适应小组活动，使用小组工作的方法，对非洲儿童提供文化体验的活动。根据小组活动中心的观察及访问，本文选取了 28 位生活在广州的 5 岁至 10 岁的非洲儿童展开分析，其中男性受访者 19 人，女性受访者 9 人。他们来自马里、尼日利亚、刚果（金）等不同的非洲国家。

(一) 跨文化适应小组的适用性

跨文化小组以中非特色文化元素融入小组活动中，吸引非洲儿童参与小组活动。他们在体验两种不同文化的过程当中，让他们达到一种浸入式的文化体验。帮助他们对母文化形成一个基本认知，引导非洲儿童对移民国家的文化认识，在适应中自我解决文化疑惑，提升非洲儿童的适应性。跨文化小组活动共 6 次，具体安排如表 1。

表 1 跨文化适应小组计划书

小组名称	音乐文化体验，跨文化适应小组
小组性质	成长小组
小组目标	1. 让非洲儿童在音乐中当中找到自己的兴趣，通过音乐方式找到儿童的自信，改变低自尊的行为，融入集体当中； 2. 让非洲儿童在音乐中发现自己本民族的特点，能对本民族产生认同。同时，也通过音乐对移民国家的文化形成认识和了解；

续表

	3. 提升非洲儿童的文化适应性。
小组主题	我的名字;快乐非洲节日;快乐中国节日;体验古诗美;广州与我;我爱广州

表2 小组工作具体内容

节次	活动名称	活动目标	活动内容
第一节	我的名字	1. 让服务对象懂得如何用中文礼貌的自我介绍; 2. 让服务对象懂得如何用中文在特定的语境中有礼貌地询问别人的名字。	1. 确认小组成员到达的人数,点名签到;强调小组规则,让小组成员冷静下来。 2. 让小组成员掌握中文自我介绍的情景对话以及礼貌用语; 3. 学习作揖:小组成员两人之间互相情景对话。
第二节	快乐非洲节日	1. 让小组成员了解非洲重要节日的缘由; 2. 让小组成员通过交换礼物来学会分享。	1. 签到,确保小组成员是否到达现场; 2. 介绍非洲重要节日,并询问如果在节日当中,一般家里会吃什么; 3. 画下祝福,交换礼物,品尝美食; 4. 音乐+舞蹈:非洲歌舞。

续表

节次	活动名称	活动目标	活动内容
第三节	快乐中国节日	1. 让小组成员了解什么是中国重要节日，以及中国重要节日的由来； 2. 让小组成员懂得如何说重要节日的贺词。	1. 重述本次小组活动的规定并和组员重新回忆小组约定。让小组成员安静下来；导入今天上课的主题； 2. 介绍中国重要节日的由来； 3. 最喜欢中国的一道菜是什么； 3. 学中国节日代表性歌曲，以歌曲为基础玩游戏：击鼓传花； 4. 学习拍打非洲鼓节奏。
第四节	认识中国古诗美	1. 让小组成员了解古诗的缘由； 2. 让小组成员学习古诗，并通过歌曲形式达到朗朗上口的效果。	1. 回顾过去几节小组的内容； 2. 确认小组成员是否到达； 3. 回顾上一节小组活动的重要节日的由来； 4. 学唱古诗《苔》； 5. 游戏：歌调记古诗； 6. 回顾本节小组内容。

续表

节次	活动名称	活动目标	活动内容
第五节	我眼中的广州	1. 说出小朋友们生活中发现的不同之处； 2. 了解外国小孩对于中国本地接触程度，活跃课堂气氛，调动非洲小朋友的积极性； 3. 增加小朋友们对广州特有的地方景观的了解。	1. 签到；强调小组规则。 2. 小组畅谈"我会说"； 3. 游戏：抢答广州地标性建筑名称。
第六节	我爱广州	1. 检测非洲儿童对广州的热爱程度； 2. 检验小组活动对非洲儿童文化适应程度。	1. 签到； 2. 情景探讨：你会在广州做什么； 3. 绘画：选择自己最喜欢的广州地区，涂上自己的颜色； 4. 大合照。

（二）跨文化适应小组的发展过程

（1）初步建立小组阶段。小组成员的同质性高，所有小组成员均来自非洲，组员之间的关系并不陌生。社工带领小组成员认识小组的功能，订立小组契约，规范小组运行过程。对于个别腼腆的小组成员，社工采用破冰游戏，调动小组活动气氛，增进组员间的联系。

（2）小组活动合作与冲突阶段。组员逐渐开始挑战社工的权威，对活动进行干扰。例如：社工签到环节，个别组员会抢答其他组员的名字回应社工，当社工再次强调小组规则时,仍然会干扰周围的组员参与活动。当场面出现混乱时,社工带领小组成员数数,使得小组成员冷静并保持活动环境的安静;个别小组成员会看重游戏的胜负,会对结果产生抗拒行为,社工需要引导小组成员理性看待游戏结果,解决小组成员之间的矛盾。

(3)小组成员关系稳定阶段。小组成员参与小组活动的意愿比建立小组初期强烈,小组成员之间会相互监督,大龄儿童会对干扰小组活动的成员进行制止和劝诫,以维护小组的活动秩序。小组成员能够在社工的引导下,按照活动顺序进行,小组成员更加自主地参与小组活动。

(4)小组解组阶段。小组成员会出现否认小组活动结束并解散的事实,并出现离别情绪。社工在小组结束前做好离别情绪的安抚,并提前告知小组成员小组解散的结果。在该阶段,观察员需要做好小组成员的各项评估,评估小组成员的文化认同程度。

(三)跨文化适应小组介入结果

开展 6 次小组活动后,非洲儿童开始对自己的文化和移民国家的文化产生整体的认知。他们对自己国家的源文化保持继承的态度,非洲儿童认为这是家庭对源文化延续的要求,因此非洲儿童需要遵从家庭的文化教育。通过小组活动介绍移民国家的文化时,非洲儿童对生活场景的文化疑惑在小组活动中找到了答案。非洲儿童识别出移民国家的标志性景观,他们会出现比较源国家与移民国家偏好的现象,在比较中对移民国家的局部文化进行认可并产生文化认同的态度。跨文化小组利用音乐元素，激发非洲儿童的兴趣。社工发现原本低自尊低自信的小组成员在音乐兴趣小组的过程当中打开内心，会逐渐懂得与周围的人交流，逐渐融入小组活动中。在不同的文化交融过程当中，会发现音乐是一个可以借鉴的文化交流工具，可以促进不同民族的文化交流。

总　结

非洲儿童群体是我国流动儿童群体的一部分，他们既有普遍流动儿童所面临的困境，也有流动儿童中跨文化下的个性特征。他们不仅需要在变化的物理环境中找到适应空间，而且需要在多元文化环境中形成自己的文化价值体系。

通过对非洲儿童在穗基本情况的调查研究，我们发现非洲儿童的家庭教育理念与我国家庭教育的理念存在差异。非洲儿童家庭教育会采用暴力等直接方式对子女进行教育，以达到严厉管束的目的。相较于中国的家庭教育，我国的家庭教育重在说教形式，重在生活的启示和引导；非洲儿童家庭的教育方式会让儿童在成长过程当中学习模仿父母的行为以处理社会交往的矛盾，这样的学习模仿会使得非洲儿童在行为认知中形成暴力倾向，这给社会工作机构和政府相关部门的启示是：在尊重多元文化的前提下，引导家庭形成和谐的氛围和父母启示性的儿童成长教育。其次，本地居民对非洲儿童的印象和评价是来自他们的生活体验。研究表明，本地

从文化体验到文化认同:非洲儿童的跨文化适应

人对非洲裔的居民的印象形成是受本地人实际遇到的威胁以及感知到的威胁所决定的,即感知到的非洲裔数量越大或者居住地越靠近非洲聚集区,越易产生负面社会生活的影响印象,并与个体社会经济地位变量影响不大,而群体接触的正面效应则被否定。[1]本地居民在与非洲儿童互动的过程中,由于文化的差异,双方不理解,本地居民会把与非洲儿童的互动中的生活感悟直接转化成他们对非洲儿童的不良行为的评价结果,而负面的评价结果则形成对非洲儿童的刻板印象。此外,在他们融入新环境的过程中,移民国家及地区面对跨文化的人群和民族需要视实际人口结构调整移民政策,将政策条例精细化使其具有针对性,为移民国家及地区实现动态化的社会治理。例如美国的社会融合政策是针对每一代移民青少年的融合模式而修正制定出来的移民政策,每一代移民青少年都会随着世界大背景的变化而调整自己的融合模式,而政府制定的政策会随着他们在融合中所延伸出的社会问题而调整。[2]

我国作为开放包容的大国,开放程度只会越来越大,面对未来越来越多的流动人口,我们应该在保持多样化的文化环境下引导流动儿童与移民地社区儿童相融合,发挥非营利

---

[1] 梁玉成、刘河庆:"本地居民对外国移民的印象结构及其生产机制——一项针对广州本地居民与非洲裔移民的研究",载《江苏社会科学》2016年第2期。

[2] 刘程:"美国青少年移民社会融合政策的演变",载《当代青年研究》2015年第6期。

性组织的力量,促进社区与多元文化人群共融,包容多元文化融合,需要社会媒体正向引导民众对非洲人的认知和看法,积极转变认知。鼓励移民地的社区居民以开放包容的心态接纳多元文化的流动儿童,营造宽容的社区氛围,实现良好的社会治理。

社区服务

社区工作是社会工作的一种，也是社会工作的三大传统方法（个案工作、小组工作和社区工作）之一。它既是一项事业，也是一个专业、一门艺术。社区工作者面对的是整个社区的居民，要求通过专业的技巧和方法对社区事务和人际关系进行有效有序地协调，使社区保持健康的状态和良性发展。

社区工作者必须经过专业培训，具有高度的社会责任心和荣誉感，具有务实求真的态度，并有判断事物的扎实知识基础和进行组织沟通的技巧。因此，作为社会工作者的一部分的社区工作者需要根据社区工作的普遍价值和中国社区工作的实践，制订专业伦理守则。

乐享广州与城市认同

陈　鑫

【摘要】 全球化推动着我国许多城市由地域城市向全球城市转型。广州作为我国的全国性商贸中心城市，也是有名的全球城市，推动外国人对广州的城市认同和热爱，有助于广州全球城市建设的进一步发展。本案例通过对来穗的外国人开展社区活动，提升他们对广州的城市认同。

【关键词】 社区服务；外国人；广州；城市认同

随着我国外贸增值能力和发展效益的进一步提升，我国的对外贸易实现了由小到大的跨越，愈发刺激了全球资本、信息、技术、产品和人口的跨国流动。据国际移民组织（IOM）发布的 2020 年《世界移民报告》显示，2019 年，全球跨境移民人数达 2.7 亿人，占全球人口的 3.5%，跨国移民在全球人口中所占的比重已从 2010 年的 2.8% 上升到目前的约 3.5%，[1] 而我国自加入国际移民组织后，成为主要的移民接收国之一，进一步推动了国际移民进程。据统计，目前共有 150 多万的外籍人士在我国工作、生活、求学，来我国旅游的外籍人士更是数不胜数；根据国家统计局数据显示，2019 年来华旅游的外籍人士达 3188 万人次，同比增长 4.4%，[2] 以旅游入境率排名前五的城市分别是上海（24.6%）、北京（23.5%）、广州（8.3%）、成都（3.2%）、厦门（2.6%）。[3] 不难看出，北京、上海、广州等一线城市因经济发达、交通便利、设施完善、景点怡人等原因依旧是跨国移民群体选择移入的主要城市。

一、服务缘起

广州作为清朝的五大通商口岸之一，因源远流长的历史底蕴和得天独厚的地理优势，深受外籍人士欢迎，在后续的改革浪潮中更享有"中国南大门""海上丝绸之路的起点"等众多美称，因而成为外籍人士的主要移入城市之一，是世界上有名的国际化大都市，同时也是非洲籍人士的主要聚居城市，其主要分布在越秀区和白云区。2020 年 4 月，广州市人民政府新闻办公室发布，越秀区散居外国人总计 3462 人，

---

[1] 数据源于 2020 年《世界移民报告》。
[2] 数据源于国家统计局，载 http://www.stats.gov.cn/tjsj/zxfb/202002/t20200228_1728913.html。
[3] "2019 最受外国人喜欢的 5 个中国城市"，载 https://www.phb123.com/shenghuo/pinpai/31633.html。

非洲人数量达535人，占据越秀区散居外国人数量的15.5%，在非洲人高度聚居的区域，非洲人群体对移入地的城市认同也逐渐成为当地管理部门和研究跨国移民的学者关注的重要问题。

"认同"一词首先是由弗洛伊德提出的，后续研究者在此概念上延伸出相关认同概念，如社区认同、城市认同等。在关于移民群体与城市认同的研究中，"同化论"与"多元论"是主要的两大流派，"同化论"是"熔炉论"的一般性表述，主要强调的是移民群体对移入地主流文化的主动认同；而"多元论"则是强调不同种族人群之间享有"平等的差别权利"。[1]不管是"同化论"还是"多元论"，都是以社会文化归属作为研究要素，反应的是一种适应性的态度，即对移民地主流文化应采取何种归属方式的研究。而在移民群体的城市认同类型的研究中，有学者认为城市认同是移民群体与城市群体交互机制，因此移民群体的城市认同被分为融入型认同、隔离型认同、游离型认同和断裂型认同四种认同类型。[2]这些类型的城市认同都是基于情感是否靠近城市和身体是否留于城市两个维度出发。也有学者认为移民的城市认同主要存在融合型城市认同、半融合型城市认同、过客型城

---

[1] 蔡禾、曹志刚："农民工的城市认同及其影响因素——来自珠三角的实证分析"，载《中山大学学报（社会科学版）》2009年第1期。
[2] 王开庆、王毅杰："生活情境中的情感归属与身体归属——流动儿童城市认同研究"，载《中国青年研究》2011年第3期。

市认同三种基本认同态度。[1] 广州市的非洲人在族群高度聚集的居住空间中，已经形成"本地人—外地人"居住隔离的困境，他们因缺少异质性的接触机会和城市感官体验而造成城市认同问题。而城市认同作为社会适应的因子成分，势必会影响到广州非洲人群体的社会适应性问题，还会诱发各种社会问题。由此可见，提升非洲人群体对广州的城市认同感、归属感、拥护感极为重要。

二、来华非洲人对广州的城市认同现状

非洲人作为移民群体的类型之一，其城市认同程度会影响到他们在广州的社会适应，城市认同从社会学层面上看是一种地域认同，是对城市所在地域的认同，而这种地域认同为"我将归属哪里"提供了解释。[2] 笔者通过对 7 名非洲人的访谈研究发现，非洲人会在异质性的接触机会的多和少以及直接的城市感官体验好与差两个维度，四个方向形成主动融入、被动断裂、客观游离与主观过客等四种城市认同态度（如图 1）。

---

〔1〕 郑兴明："新生代农民工城市认同感分化及影响因素分析——以福州地区为例"，载《山西农业大学学报（社会科学版）》2014 年第 11 期。

〔2〕 樊昌志、李卫平："沿海开放城市新移民的城市认同与多元传播视野中的认同建构——基于惠州新移民现状的传播社会学研究"，载《湘潭大学学报（哲学社会科学版）》2015 年第 6 期。

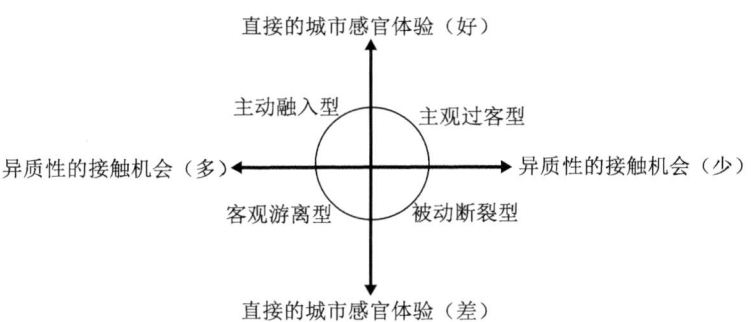

图 1　非洲人群体的城市认同模型

（一）主动融入型

主动融入型的城市认同态度是指非洲人群体异质性的接触机会多，直接的城市感官体验好，在两方面都呈现出积极的一面。一般接触异质性的群体的机会越多，不同群体之间的交流越多，直接的城市感官体验越好，对城市文化的接纳度越强，由此导致非洲人群体会主动去体验城市文化和融入城市生活，因此，其城市认同感也就越强。项飚也指出，"我们感"的最主要来源乃是人们的现实实践，特别是和外部不同群体的互动。[1] 可见，日常生活中，异质性的接触机会是影响认同的重要因素。

"我们去办面馆手续的时候工作人员态度不错，并且小店开起来后来这里吃面的非洲熟客和中国客人都挺多，和他

---

[1] 项飚："社区何为——对北京流动人口聚居区的研究"，载《社会学研究》1998年第6期。

们聊天可以收获好多有用的信息。"（访谈对象 F02，女）

研究发现，访谈对象 F02 因为和朋友一起经商，她们会在经商过程中接触到较多的不同文化的个体、群体和组织，他们长时间的异质性的接触机会比较多。

"我和朋友（非洲朋友）经常在周末去广州的景点，爬过白云山，去荔湾区听过戏，很有意思，下次再去别的地方走走。"（访谈对象 F01，男）

"这边的人有的还是很热情的，有的邀请我踢球，不过我脚踝受过伤，不能剧烈运动，挺遗憾的，不过我很开心他们邀请了我。"（访谈对象 F03，男）

访谈对象 F01、F02、F03 他们对广州的直接的城市感官体验印象不错，是因为广州的自然景区和人文风情以积极、热诚的一面呈现在他们视角中，他们在真实的城市生活体验中感受到了这座城市的善意，他们会想主动地去体验广州生活，适应广州文化，因此他们的城市认同态度是主动融入型的。

（二）客观游离型

客观游离型的城市认同是指非洲移民群体长时间的异质性的接触机会多，但直接的城市感觉体验差，他们在不同群体和组织中获取自身所需的社会资本，但在资本获取的同时本地人或本地社会组织在认知、态度和行为上都给他们留下不良的印象，以此形成的对广州的城市认同态度。当地居民和社会组织对待外籍人士的认知、行为和态度最直观地代表着一座城市是否欢迎他们到来。

"我住在小北社区1年多了,那里的警察查证件的时候,经常以命令的口吻让我们拿出证件来,一直没有改变过,而且还有人在拍照,记录,我感觉自己像罪犯一样,但是没办法,我需要在中国赚钱。"(访谈对象F04,男)

"我去看牙医的时候,明明我比其他中国居民先到,却让他们先看,我感觉自己受到了不公平的对待。"(访谈对象F05,女)

从访谈中了解到,非洲移民群体在广州有很多地方需要和广州的居民和社会组织打交道的时候,他们需要借此获取满足自身需求的各类资本,而本地居民和社会组织的行为和态度让他们感觉不被接纳,被歧视和被排斥。

"我打车去房屋登记的时候,司机见我是黑人,态度有所转变,隐晦地让我坐后排。"(访谈对象F06,男)

"回家的时候,同一栋楼的中国居民不愿和我坐一趟电梯,我知道他们嫌我身上的香水味。"(访谈对象F05,女)

有研究表示,城市认同可被定义为在与城市环境的认知交互中能够寄托个体情感归属、体现个体独特价值并随着时间推移逐步累积形成的心理结构。[1]但是广州本地居民和社

---

[1] 梁祺、王影、雷星晖:"城市认同对创业意愿的影响机理研究",载《地域研究与开发》2017年第4期。

小服务，大情怀：涉外服务的广州实践

会组织的排外性，让非洲移民群体无法在与城市环境的认知交互中寄托情感归属和体现自我独特的价值。因此，尽管他们有诸多长期性的异质性的接触机会去了解和感受广州的城市文化，但他们已有的关于广州的第一城市感官印象如社区居民的行为表现、社会组织言语态度等会在无形中放大，最后形成客观游离型的城市认同。

（三）主观过客型

主观过客型城市认同是指非洲人群体的异质性的接触机会较少，而直接的城市感官体验较好的一种城市认同态度。这种城市认同态度主要集中出现在来华短时间旅游的非洲人群体中，他们在有限的时间内辗转于广州的各个景点，在与城市环境的交互中感受多元文化和风土人情，由于新鲜感和景点效应，尽管他们的异质性接触机会不多，但他们直接的城市感官体验都倾向于较好的一面。笔者从广东某高校的外籍人士研究课题组中了解到两位外籍旅游人士对广州、成都、北京等城市有过讨论，包括1名黑人女性和1名黑人男性。

"我来中国旅游过两次，一次是广州，一次是北京，在广州住了三天，和北京相比我更喜欢广州一些，我特别喜欢广州的早茶，我觉得那是一种味觉享受，我喜欢这个城市，可惜我的时间有限，不然也想（广州）多待一段时间。"（黑人女性）

有观点认为"居住时间与城市认同存在显著正相关关系",但它并不能有效预测认同感的高低,这种以短期旅游为主而形成的城市认同态度就是有力的证明。

"两年前来广州旅游过,待的时间不长,大概一周的时间,因为工作原因提前回去了,但我感觉这里交通十分便利,生活节奏也刚好,我在论坛上看到了广州塔的推荐,因此特意上去感受了一下,不得不说夜景真的很美,有种震撼感。"(黑人男性)

从两名黑人外籍旅游人士的印象中可以了解到,他们在短时间内体验了广州的饮食、交通和夜景,有着较好的直接的城市感官体验,他们认为自己只是这个城市的匆匆过客,在感受一番异国风情后,依旧是要回到家乡生活和工作的,因此他们对广州这个城市的认同态度是主观过客型的。

(四)被动断裂型

被动断裂型的城市认同是指非洲移民群体异质性的接触机会较少,直接的城市感官体验较差,二者都呈现出消极的一面。城市认同归根结底是人与城市文化之间的认同,这也是城市认同最明显的特征,这种社会性极强的认同需要在人在城市体验中实施。

"我们信仰穆斯林的妇女基本都在家,很少出去,平常

的生活就是买菜、做饭、洗衣服、带孩子,在这里也没有多少朋友。"(访谈对象 F05,女)

"我丈夫是做服装生意的,我们住的地方离他(做生意的地方)很远,他很忙,我中午要带着孩子给他送饭。"(访谈对象 F07,女)

通过访谈非洲妇女(F05、F07)发现,信仰穆斯林的非洲妇女的异质性的接触机会十分少,她们大多被生活琐事束缚,没有多余的时间去接触其他群体和感受广州文化,其出行都局限于居住地和丈夫的工作地附近。

"我在这边生活了几年,刚来的时候还好,最近两年那条路修了又拆,拆了又修好多次了,打桩机的声音让人感到心烦。"(访谈对象 F07,女)

"刚开始很庆幸自己租到了便宜的房子,可是一到下雨天,我住的那条街就积水,很脏很臭,后来不得不换房子。"(访谈对象 F06,男)

有研究发现,惬意的居住环境、舒适的休闲生活等城市生存环境对移民群体的城市认同具有重要影响。[1] 外在居住环境的变化必然催生非洲移民群体的主观认识和主观感受发

---

[1] 郑兴明:"新生代农民工城市认同感分化及影响因素分析——以福州地区为例",载《山西农业大学学报(社会科学版)》2014 年第 11 期。

生某种改变。访谈发现非洲人群体对城市的直接感官体验不是特别好（F06、F07），有限出行的地域空间和嘈杂的生活环境都影响着他们直接的城市感官体验。

从上述分析可以看出，不论是何种城市认同，都是一种主观意识和客观现实的交互态度，不同类型非洲移民群体有不同的认同态度，但毋庸置疑的是非洲移民群体在广州城市生活的体验中形塑着对广州的认同和归属，同时，不难看出的是，当非洲移民群体对广州的判断为积极的预期时，认同的结果表现为心理上的城市社会归属和融入；当对广州的判断为消极的预期时，认同的结果表现为心理上的游离和排斥。

三、社区服务助力城市认同形塑

从上述的非洲移民群体的四种城市认同类型中可以发现，非洲移民群体对广州的城市认同程度不高，而导致城市认同程度不高的原因主要有两点：第一，长期性的异质性接触机会少；第二，持久性的直接城市感官体验差。开心社会工作服务中心针对以上两点原因，以提升非洲移民群体对广州的城市认同度为主要主题，开展了一系列社会工作社区服务主题活动。

（一）儿童中文课堂活动增加长期性的异质性接触机会

从访谈中可以看出，大部分的非洲妇女多以孩子和丈夫为中心，自己处于附属地位，没有属于自己的空间和时间进行其他社会交际，她们当中一个家庭一般有3个到7个孩子。

"我现在有5个孩子,其中3个女儿,2个儿子,最小的儿子今年3岁。"(访谈对象F05)"我一共有7个孩子,目前带着2岁的儿子(在中国出生)跟老公生活在广州小北,老公平时忙着做生意,我就在家照顾家庭和孩子。"(访谈对象F07)

为此,开心社会工作服务中心开设了"儿童中文课堂",通过外国人综合服务中心线下招募、社区宣传招募和微信公众号推送三种方式招募服务对象,而开设中文课堂的主要目的有两点:一是为解决"非二代"青少年儿童因各种原因无法接受正式的教育问题;二是以此课程增加非洲妇女的异质性接触机会,让她们有属于自己的空间和时间去感受广州的风土人情和异域文化,同时她们还可以参加机构的社区活动和支持小组活动等。开心社会工作服务中心"儿童中文课堂活动"持续时间为2个半小时(每周周一到周五15:00~17:30),儿童中文课堂活动持续了近6个月的时间,将孩子送到中文课堂的非洲妇女也越来越多,目前为止,儿童中文课堂共计近40名的"非二代"青少年,其中最小的3岁,最大的11岁。

社工:"您接受了儿童中文课堂活动4个月了,感觉这个活动怎么样?"

访谈对象F05:"这个活动真不错,之前到哪儿都得带着孩子,想着老公,孩子还小,一个人放在家也不放心,现在我可以在固定的时间把孩子送到这里学习，结束的时候再来接他回家，这样我有2个至3个小时可以和朋友逛街，去广州各个区走走。"

社工："你在将孩子送到中文课堂的这段空闲时间内有没有接触到之前没有接触到的人、事、物？"

访谈对象F07："有的，之前带着孩子去上下九步行街、珠江新城都是匆匆忙忙的，没有具体感受一下广州的这些网红点，还没有享受到很多美食，现在我和朋友每周都要去那边吃不同的自助餐，逛各类商店，很有氛围。"

社工："您在这段时间中感受了广州这个城市，您觉得广州怎么样？"

访谈对象F05："把孩子问题解决后，我终于有时间感受广州了，说实话广州这个城市对外来人口的包容性还是挺大的，但是还是存在很多歧视我们的现象，我们经过时，部分人会捂住口鼻，这个行为让我很是反感，不过多数人是很友好的。"

访谈对象F07："广州很不错，美食很多，我很喜欢这个城市，但是就是有些东西好贵啊。"

(二)"我爱广州"主题活动助力持久性的直接城市感官体验

"我爱广州"主题活动是一个持久性城市文化体验活动，它包括广州越秀公园文化游活动、荔枝湾涌文化游活动、白云山踏青活动、博物馆游览活动、动物园科普亲子游活动、沙面公园文化游活动等子项目，通过外国人综合服务中心招募、社区宣传招募和微信公众号推送三种方式招募服务对象，旨在通过一系列的城市文化体验活动，增加对现居城市（广州）的熟悉感和认同感。越秀公园文化游活动通过带领外籍服务对象游览"羊城八景"之一的越秀公园，从四方炮台到五羊雕像，从广州博物馆到中山纪念碑，让非洲移民群体通过不同的形式领略广州的悠久历史文化，通过日常接触感受当地人日常休闲娱乐方式，丰富他们的精神文化生活；荔枝湾涌文化游活动旨在带领非洲人群体了解中华民族的传统文化，通过观赏广府特色建筑、欣赏粤曲魅力、欣赏园林艺术、书写传统汉字参观文塔及合影等活动，能让非洲移民群体有更多机会直接接触中国居民和感受广州文化。博物馆游览活动旨在通过游览盛名的广东省博物馆，帮助非洲移民群体参观恐龙化石、欣赏中国陶瓷工艺品、识别各类自然植物资源。动物园科普亲子活动通过让非洲儿童和父母识别草食动物、肉食动物和灵长类动物，感受国宝大熊猫，来自赞比亚的玛利亚姆（化名）同妈妈和弟弟妹妹一同前来，她表示"小动物在睡觉吃东西，好可爱！"该活动还进一步启发非洲儿童思考人与动物、人与自然以及人与社会的关系，并以动物的栖息地作为比喻，帮助外籍儿童理解家乡与广州的关系，增强其对广州的归属感与认同感。这些持久性的主题活动都是以通过直接的城市感官体验产生或重塑非洲移民群体对广州的城市认同。

社工:"我们开展了很多场城市文化的体验活动,您对广州有没有其他的认识?"

访谈对象F05:"我有新的感想,之前没去过这么多景点,来机构参加活动后,对广州的认识更广了,也不像以前那么肤浅了,广州真的好有历史文化底蕴,不过还是有很多东西不能理解。"

访谈对象F02:"刚到这边的时候,感觉广州居民都是排斥我们的,现在有所改观,很多居民都十分热情。"

访谈对象F04:"是的,广州对我而言不再只是淘金的城市了,有时候我也想把家人接过来。"

社工:"其实,广州这个城市从清朝开始就已经有很多外国人居住了,这座城市面对外来群体有它自己的调节方式,只要花时间了解它,你就会喜欢上这座城市,从陌生感到熟悉感,从拥护感到认同感。"

访谈对象F07:"希望机构以后可以多开展类似的活动,我的小孩参加了那次动物园活动后,一直嚷嚷着要再去看看大熊猫,她老是问我,为什么我们家乡没有大熊猫。"

访谈对象F05:"是的,孩子们也开始喜欢这个城市了,在机构学习中文,说的越来越好,我和她爸都快赶不上她了。"

社工:"你们对广州越来越有认同感,说明我们的付出都是值得的，机构以后还会开展不同的社区服务和小组活动，希望你们积极参加，并帮我们宣传，让更多的非洲移民群体知道我们，了解我们。"

总　结

跨境移民必然涉及对移入国所在城市的认同，在社会工作介入之前，非洲移民群体对城市存在异质性接触机会不足、认知偏差与不足、直接的城市体验不够好等情况，他们来到广州这个城市时，只能依靠以血缘、乡缘、亲缘为主的支持网络获得对城市的认知。同时还会因各种原因出现接触机会少，城市体验差等困境。社会工作机构通过介入非洲移民群体面临的两大问题和困境，运用社区服务的方法，通过开展针对性活动增加他们的异质性的接触机会，感受更多的直接城市服务与体验，通过对介入前后的对比，让他们重新审视对广州的认知和态度，逐渐提升他们对广州的城市认同态度，不断引导他们从客观游离型、主观过客型、被动断裂型的城市认同态度逐渐向主动融入型方向靠近。

社区服务助力在穗非洲人的社区融入

孔俊铿

【摘要】 来华外国人快速增加及其居住的社区化,使快速融入当地社区成为来华外国人的迫切需求,它也是涉外社区和谐治理的要求。实践证明,社区服务作为社会工作的一种直接工作方法,可促进来华外国人的社区融合。

【关键词】 来华外国人;社区融入;社区工作

2016年2月,中共中央办公厅、国务院办公厅印发了《关于加强外国人永久居留服务管理的意见》,明确表明将以更加开放的姿态广泛吸纳世界各国优秀人才。根据全国第六次人口普查数据显示,目前常住我国的外籍人士有59.4万人,另据广州市公安局统计的数据,截至2014年10月25日,在广州市居住超过6个月的外籍人士为11.8万人。可以看出,广州作为我国的中心城市之一和国家重要的商贸城市,随着全球贸易的推进,正在吸引着越来越多的外国人。外国人在穗的数量快速增长以及居住的社区化，迫切需要政府和相关职能部门通过提供多元化的服务，帮助来穗外国人群体更好地融入当地社区，融入广州社会。

一、服务缘起

近年来，随着在穗外国人的不断增多及居住的社区化，外国人在当地的社区融入是他们适应当地社会的首要任务。关于在穗外国人的社区融入状况，我们在外国人居住集中的社区抽取 300 名在穗外国人作为样本，主要通过经济适应、生活适应、文化适应三个方面来衡量他们在穗的适应。

经济适应方面，通过对 300 名受访者的调查发现，超过 78% 的外国受访者表示来华后，经济收入状况比未出国时有明显提高。超过八成多的受访者表示来中国会发现很多商机，有很多收获。总体来看，经济适应比较理想。

生活适应方面，我们对 300 名样本的衡量主要通过其在穗的生活习惯、群际交往以及社区参与三个维度来体现。在生活习惯方面，超过八成的外国人依旧保持着自己族群的生活习惯。与本地居民的交往方面，本次调查发现，外国人与本地居民的互动依旧十分少，仅有的与本地居民的互动也主要是点头等简单的肢体语言，只有不到两成的外国人有和本地居民的继续互动。从社区参与来看，在穗外国人由于语言、工作等原因，参加居住社区的各项活动的比例也不高。

文化适应方面，外国人对我国文化的浅层适应与自己国家文化的深层认同交织在一起。调研显示,由于语言文化、宗教信仰、生活习惯等的显著差异,部分外国人很难融入当地社会。其日常生活交往主要是和自己内群体互动。

由于许多在穗外国人难以顺利适应当地社区,因此,他们对于当地社区的认同感和积极评价都有待提高,基于此,通过社区工作的介入,促进在穗外国人的社区融入十分迫切。

二、社区融入服务框架

国外传统移民国家对于移民的社区融合有"古典同化论"(assimilation)、"分层同化论"(segmented assimilation)等不同理论和实务实践。我国是非移民国家,借鉴国外这些面向移民社区融合的理论,并结合在穗外国人在社区融合方面由基础、必须的融合到更高层次融合的现实需求,设计社区工作介入外国人社区融合的服务框架如下图:

整体的服务路径为:生活融合 ⟹ 族群融合 ⟹ 文化融合 ⟹ 心理融合 ⟹ 社区融合四个方面

围绕着服务总框架和服务路径,具体的服务包括:

(一)生活融合服务

该领域服务包括:社区各类便民设施信息、就医、租房类信息支持等；中文堂生活汉语学习小组。便民设施信息具体包括：政策法规，货币兑换，商贸法律法规，签证，续签等，外国人合法居住及生活所掌握的法律及政策讲座和宣讲。服务成效通过相关信息的满意度量表和判断量表来测量成效。

（二）族群融合服务

自1986年外国人居住社区化以来，大量外国人居住在社区，由于与本地居民在文化习俗等方面存在不同，加之语言等沟通不畅，存在着族群之间关系区隔等现象。外国人社区融合的第二步，要促进外国人居住的社区内不同族群之间的融合，防止外国人社区形成二元平行社区，避免涉外社区出现不同族群的区隔和排斥。

该服务具体包括：设计一些中外居民共同参与的活动，例如由外国人邀请本地居民一起拍照，本地居民邀请外国人参加社区探访，参与社区志愿活动等，促进不同族群间的互动和往来。服务成效通过亲社会行为的社会实验量表来测量，也通过此量表来区分哪些外国人难以和其他族群有效融合。

（三）文化融合服务

外国人在他国的融入，文化融合是其社区融合的关键。文化融合包括对移入国的文化习俗的了解、尊重、接纳、适应等。也包括对移入国的政治、法律、政策等一切文化的了解、接纳、适应和习得。

该服务领域包括：各类型中文学习小组、汉语角、说出你的故事、中国文化习俗传播小组、中国传统节日小组等。

服务成效通过社会文化适应量表（SCAS）来测量。并通过测量来区分哪些外国人很难融入中国社会。

（四）心理融合服务

外国人社区融合，最高程度是心理融合。即无论是对中国人的认同，对所处城市的认同，对中国文化的认同等，有一种积极的评价和判断。

心理融合服务通过看能否在外国人兴趣小组基础上组织志愿队伍，来测量外国人对广州的城市认同和城市参与等。

三、项目阶段服务及产出成效

目前围绕社区融合的服务开展约半年，按合约规定，完成了相应的小组服务，以及融合讲座，促进融合的社区活动等。

例如，在族群融合方面，2019年1月，结合广州市广府庙会以及广州花市，我们策划了"我爱广州，邀你合影"的族群融合社会实验。邀请19名非洲人游览广州广府庙会，并在花市广场邀请广州本地人一起合影。在活动前，通过前测题目，测量参加活动的19名非洲人对广州的心理融合、族群融合、生活融合等。

表 1　对非洲人进行的融合前测量表

题目	0	1	2	3	4	均分
你爱广州吗？			3人	16人		2.84
你对广州花市了解吗？	9人	9人	1人			0.58
你愿意跟本地人主动沟通吗？		8人	6人	5人		1.84
你觉得本地人对你的态度友善吗？		8人	5人	4人	2人	2.53
你愿意融入广州生活吗？			7人	9人	3人	2.78

注：请根据以下问题，选择勾选分数，越高分代表对该问题认可度越高。

随后，我们请外国人主动邀请本地居民和他们合影，通过中外居民的互动和接触，促进不同族群的交往，活动结束后，运用后测量表来测量这种亲社会行为的社会实验是否可以促进不同族群的融合和了解，哪些群体难以达到效果。

表 2　对非洲人进行的活动后融合后测量表

题目	1	2	3	4	5	均分
你爱广州吗？				12人	7人	4.37
你对广州花市了解吗？					19人	5
你愿意跟本地人主动沟通吗				11人	8人	4.42

续表

题　目	1	2	3	4	5	均分
你觉得本地人对你的态度友善吗？			3人	13人	3人	4
你愿意融入广州生活吗？				13人	6人	4.32

注：请结合分值勾选，越高分代表对该问题认可度越高。

通过这次活动的前后测对比，可以看出，这次促进族群融合的社会实验，达到了比较好的效果。但我们通过对外国人和本地居民中的教育、宗教、流动经历、收入状况等变量的引入考虑，可以发现不同类型的外国人，在这种亲社会行为实验的前后测结果不同，这可为我们制定分类化管理提供依据。

路人合影加强中外交流

"走读越秀"，感受文化之美

总　结

通过半年的面向外国人的社区融合项目的实践，在外国人的服务和管理方面，有以下经验：

（1）在穗非洲人社区融合呈现出分群体、分层次的特点。受教育程度高，经济状况好，宗教信仰以基督教或天主教为主，来华居住时间越长的非洲人，社区融合情况越好。建议政府对来穗的非洲人，结合当前管理外国人才的办法，实行分类化管理。

（2）外国人社区融合是一个双向的融合过程。要通过服务促进外国人的融合，同时，在服务中要通过各类测量量表，甄别不同类型的非洲人融合的情况，并据此区别可帮助融合的和无法融合的非洲人，相应地制定分类化的治理对策。同样，本地居民的接纳程度，也影响着外国人社区融合的程度和深度。因此，在涉外社区，要多举办促进不同族群间亲社会行为的活动，促进彼此的了解，以利于外国人的社区融入。

（3）社区隔离对于社区治理带来的隐患十分大，要重视涉外社区的社区融合。社区融合的路径和成效不同，其中文化融合、心理融合对于一些外国人几乎很难有效。应针对此类型人员建立数据库，并上报国家涉外管理部门。

（4）重视社工机构在促进族群融合中的作用。亚里士多德认为，人是天生的政治动物，过城邦生活是人类的天性使然。而城邦是由各种社团组织不断扩展，通过一定的方式联系在一起所构成的。现代社会工业化的重要影响就在于产生规模巨大、极其庞杂的社会组织,并渗透到人类社会生活的方方面面。各种非营利的社工机构不仅为社会成员参与国家政治提供了舞台,也因为其群众性、非官方性、直接服务性等特点,更容易扮演促进不同族群间形成良好的人际关系的桥梁和纽带的角色。政府可以充分调动社会组织参与涉外社区的治理。

(5) 文化融合和心理融合,是实现社区真正融合的关键环节。可通过引导不同族群间的成员体验不同族群的文化习俗,有助于促进族群融合。不同的民族不仅共同参与一种文化制度,而且还共享一种文化制度,久而久之,也就会形成一个民族的人们共同精神形态上的特点。也就是说,各族群之所以不同,不仅在于他们的生活条件不同,更在于他们的文化特点和精神形态不同。可以说,文化上的精神形态特征成为族群区别的重要标志。因此,促进不同族群融合的重要途径是引导他们体验不同的族群文化,从而形成接纳,包容和理解。防止文化优越带来的不同文化间的对立和冲突。

(6) 外国人社区融合的步骤、逻辑路径及各阶段融合的科学测量十分必要,这有助总结合乎科学的外国人社区融合规律。因此,设计策划好社区融合项目,以及科学的服务方案,科学的服务成效检测,很有必要。并建议结合服务群体的不同特征,做好深入而科学的来华外国人的分类治理工作,为政府对涉外人员的精准化分类治理提供依据。

服务倡导与决策建议

社会工作作为一门应用型专业，其工作方法包括直接的工作方法，具体为：个案工作方法、小组工作方法以及社区工作方法，除此之外，社会工作对于特定群体问题的介入，还可以通过间接的社会工作方法，主要有社会工作研究等，其中源于服务实践的服务倡导，以及面向职能管理部门的决策建议等，也是社会工作专业服务的重要产出部分。在我们所开展的外国人社会工作服务中，我们也形成了一些服务倡导和决策建议，其中部分服务倡导得到了政府部门的采纳，部分决策建议也得到了政府部门的批示，本书选取部分成果予以收录。

加强对来穗贫困及其他困境外国人员的紧急救助的倡导

王 亮　王海戈

【摘要】全球化背景下人口的全球流动日趋频繁，不仅包括传统的向发达国家的流动，也包括发展中国家间、非移民国家间的频繁的跨国流动。我国由于经济、社会等的快速发展，近年来吸引了大量的外国移民，部分移民由于一些原因，在我国的生活陷入困境，需要结合当前形势，尽快制定面向来华贫困外国人的紧急救助制度和对策，以完善我国对各类外国人的管理机制。

【关键词】贫困外国人；救济救助；制度和政策

国际人口迁移的历史由来已久，而开始于20世纪80年代的这波全球化浪潮，使国际人口迁移更为频繁。在当前的全球化大背景下，不同国家之间人员的跨国流动，促进了国与国之间在文化、经济、社会等领域的互相学习与借鉴，大量流动着的外国人也成为国与国之间联系和沟通交流的重要纽带。

一、建立面向外籍人士紧急救助机制的必要性

首先,建立面向来华外国人的紧急救助是现实需要。自1978年改革开放以来,随着我国经济社会的快速发展,来华外国流动人口以惊人的速度增长。据统计,2004年,公安机关出入境管理部门批准外国人入境1693.25万人次,而2016年的数据显示,从我国各口岸入境的外籍人士达7630.54万人次,比2004年增加了4倍多,从数据可以看出近年来来华外国人正呈现出不断快速增长的趋势。2016年,我国加入国际移民组织,成为该组织的第165名成员,特别是国家主席习近平提出的"一带一路"全球发展战略的实施,将使我国与世界各国的联系和交流进一步加强,可以预见的是,国外流动人口将持续快速地流动进入我国,这要求我国这样一个人口大国,在治理好本国人口的同时,也需要未雨绸缪,关注来华外国人的治理。与此同时,大量来华的外国人中,除了来自发达国家的外国人,也有大量来自不发达国家的外国人,既有外资公司派驻到中国工作的高管,也有大量的自由职业者。一些跨国迁移者由于经济状况一般,在我国一旦遭遇风险很容易陷入困境。从我们近两年的外国人服务经验来看,这类因意外风险陷入困境的外国人占到我们总服务对象的两成左右。在广州,许多困境外国人的紧急救助,目前主

加强对来穗贫困及其他困境外国人员的紧急救助的倡导

要由一些教会、个人、社会组织以及热心市民来提供。[1]因此，探讨对来华困境外国人的救助问题，是我国新形势下涉外人员管理工作的新任务。

其次，对困境外国人建立紧急救助已成为多国共识。当今世界由于全球化，国与国之间联系日趋紧密，世界范围内的人员流动也日趋频繁。[2]罗伯特·瓦普纳指出：我们的社会正呈现出"全球公民社会"的特质。[3]可以看出，约翰·凯恩和罗伯特·瓦普纳都强调了当今世界全球化的不可逆转，并结合全球人口流动，强调各国应面向全球人口流动提供更多的人道援助。[4]从现实来看，发达国家主要移民国家对于合法入境的外国人，都有一套完善的管理和服务体系，即使是一些非移民国家，例如东南亚等国，对于入境的困境外国人，都设立了比较系统的救助举措。在当前全球化的推动下，来华外国人增长迅速，这有助于我国改革开放的持续发展，然而也需要我国建立更完善的对涉外人员的管理和服务体系。

最后，是我国进一步对外开放的迫切要求。当今世界正

---

[1] 周庠聪："人道救助的尴尬与应变——透视我国救助站的困境"，载 http://www.cnki.net/kcms/detail/Detail.aspx?dbname=CJFD2006&filename=FBSF200608053&v=&filetitle=人道救助的尴尬与应变——透视我国救助站的困境，185－186.

[2] John Kaene, Global Civil Society.

[3] Robert Wapner, The Normative Promise of Nonstate Actors：A Theoretical Account of Global Civil Society.

[4] ［英］赫德利·布尔、亚当·沃森主编：《国际社会的扩展》，周桂银、储召锋译，中国社会科学出版社2014年版，第286~287页。

处于多变的时代，国际趋势上，既有呼吁全球合作，推动全球化以及构建全球治理和全球命运共同体的理性主张，也不乏一些质疑全球化、逆全球化的声音。一些国家甚至因仇视于我国近年来快速发展的社会、经济等成就，而纠结一些国家，试图对我国形成孤立和封锁，这对我国的民族复兴和经济社会的持续发展，带来一些挑战。因此，积极吸引世界各国友好人士来华，共同参与我国社会经济的建设，才可以粉碎一些国家的险恶用心。基于此，我们需要对我国的涉外人员管理建立更完善的制度，用爱心温暖来华的外国人，包括困境外国人的救助，从而为我国在国际舞台赢得更多支持，也为我国的改革开放增添动力。

二、面向来华困境外国人建立人道救助的对策

鉴于当前全球化背景下越来越多的跨国人口迁移的趋势，以及来华外国人不断增多的现状，制定面向来华困境外国人的紧急救助十分必要。

第一，制定和实施《中华人民共和国外国人在华临时安置与社会救助实施办法》等法律条例，对于来华后陷入困境的外国人给予紧急救助，确保其基本生活。并与外国人在华使领馆及时协商，共同做好来华困境外国人的救助和帮扶。

第二，依托移民管理局，建立统一的涉外困境人员救助管理机构和机制。政府相关管理部门，及时总结涉外人员救助案例，建立专门的服务管理外籍人士的组织机构和工作

加强对来穗贫困及其他困境外国人员的紧急救助的倡导

团队。

第三,在外国人聚居集中地区,设立包括紧急生活救助、医疗救助等一些紧急生存救助的服务站点,定期开展服务宣传,及时摸清在穗外国人的现状,对于困境外国人及时介入。

第四,动员社会组织和慈善团体共同参与对来穗困境外国人的紧急救助。社会组织和慈善团体,是参与各类型救助的重要依靠力量。发达国家社会救助的经验也表明,社会组织、慈善团体是为困境人群提供紧急救助的主要提供者和实施者。

第五,借鉴发达国家移民管理的成功经验,制定涵盖外国人的出入境、居留、就业、社会保障、社会融入、难民、非法移民、调查与遣返、技术移民、投资移民、长期居留、入籍等内容在内的来华外国人管理法律。这有助于对各类外国人提供精准化管理和服务。

第六,通过签证管理等手段,要求来华外国人,无论居住时间长短,均应当购买包括医疗健康、意外等在内的保险,引导来华外国人增强意外保障意识,减少我国对陷入意外风险的外国人的救助压力。

第七,坚持紧急救助与严格执法相结合的涉外人员治理原则。对于陷入困境的外国人,本着人道主义原则,提供紧急救助。在危机缓解后,严格执法,对于"三非"外国人,严格按照我国对"三非"外国人的处罚执行,确保在人道救助基础上,及时遣返非法外国人,不因外国人陷入困境而一味救助，也不因外国人的非法身份而拒绝对其提供救助。

第八，协同困境外国人在华使领馆等机构，共同为来华的困境外国人提供帮助，及时和困境外国人在华的使领馆机构沟通，为其提供我国对这类困境外国人的救助服务和其他服务资料，避免因沟通不畅而使得我国政府的人道慈善救助服务被一些敌对力量曲解，毁损我国的国际形象。

构建共建、共享、共治的涉外社区治理新模式

王 亮

【摘要】 在全球化浪潮推动下,国家间人口迁移日趋频繁。来华外国人群体不断增长,一些热点城市出现越来越多的外国人社区。外国人社区是当前社区治理中一类复杂的社区。其治理的关键是树立共建、共治、共享的治理模式。共建即共同参与社区建设,具体体现为社区环境的共建、社区文化的共建、社区认同感等的共建。共治体现为共同参与社区治理,强调涉外社区治理主体的多元化等。共享体现为共同享有治理成果,它是保障共建、共治成效可持续发展的保障。

【关键词】 外国人社区;共建;共治;共享;社区治理模式

在改革开放进一步深入发展的背景下,我国已迈入移民

时代,城市正处于从"地域性城市"向"移民城市"的转型。不仅包括国内人口向发达城市的迁移和聚居,也包括大量国际移民向中国一些热点城市的流入和聚居。随着外国人大量的移入,在中国的一些大都市也形成了一些外国人高度集中的社区。如青岛的韩国人社区,上海古北的日本人社区、北京望京的韩国人社区、广州的日本人社区、韩国人社区、非洲人社区等,这些社区的治理是全新的论题。探索涉外社区治理模式,不仅关系到涉外社区不同居民的切身利益,关系到这类国际化都市的和谐稳定,也关系到我国社会的安全和稳定。

一、几种涉外社区治理模式及评述

社区治理模式,通常体现的是政府和社区之间对社区治理的权责配置。当前国际上的社区治理模式主要呈现出三种典型模式:社区自治模式、政府主导模式和混合模式,[1]分别对应的是以美国、新加坡、日本三个为代表的国家的多元社区的治理模式。

美国对社区实施社区自治的治理模式。这种模式中,政府的角色定位是以间接管理为主,主要职责是制定各种法律法规,为社区管理提供宏观制度方面的规范,并不直接参与

---

[1] 谢守红、谢双喜:"国外城市社区管理模式的比较与借鉴",载《社会科学家》2004年第1期。

构建共建、共享、共治的涉外社区治理新模式

管理。[1]

新加坡的社区治理采取自上而下的由各级政府机构实行的治理，政府设立专门的社区管理部门承担社区治理的职责。这一模式的突出特点是政府对社区的治理具有很强的影响和掌控能力。

日本的社区治理则采取混合模式。其社区治理包括三个主要层次：一是由市政府授权的市政府的专设机构，在特定的社区范围内执行官方政策；二是半官方的社区委员会，由社区选举产生，任期二年，其职责是反映社区事务的建议和意见给市政府；三是自治性的社区服务组织如社区服务中心等，主要是在政府指导或委托下具体实施社区的各项服务工作。

综观上述这三种主要的社区治理模式，社区自治模式的实施需要诸多现实条件，否则，极容易成为一种形式化的学科术语。在社区治理中，片面强调社区居民的参与，鼓励社区居民积极参加社区活动、参与社区决策，这在当今个体利益分化、整个社会日益碎片化、社区碎片化以及个体在市场经济中忙于生存理性的压力下，若没有公众社区参与后的成果共享等保障机制，公众参与很难持续和坚持。政府主导模式，则易陷入另一极端。在这种模式中，政府作为对社区治理的单一主体，把社区治理看成是政府的行政事务职能，社

---

[1] 华峰："国际化社区的出现与应对"，载《学海》2013年第1期。

区治理中政府通过国家权力及其行政系统来管理基层社区,有助于政府在基层社区中的权威和合法性,但难以调动社区内的居民积极参与社区管理。一方面加重了政府在基层社区治理中的权责,同时也难以引导和促进基层社区居民自组织等的发育和成长。社区治理上的混合模式,政府的作用虽不如政府主导模式那么直接和具体,但比起自治模式来说,政府依然承担着许多重要职能。

社区治理上的这三种模式存在着一些共同点。无论何种模式,都有两个要素:一个是政府;另一个是非政府组织,二者在多元化社区治理中都发挥着作用。这三种模式,也存在一些不足:一是从社区治理的主体来看,体现为一元与二元的差别。二是社区治理的内容,侧重具体化,缺乏整体化。如社区自治模式,政府只负责立法,社区如何治理,由社区业主委员会全权承担,各个社区具体的治理各不相同,很难形成多元一体的治理格局。三是社区治理的良性持续运行,缺乏有效保障。如社区自治模式,由于治理主体是各非政府组织,治理成果分属不同的非政府组织成员,难以实现治理效果上的整体性以及可持续性。

我国关于社区治理模式的探索,自20世纪80年代开始,至今大致经历"三轮改革",形成了"四种模式"。[1]一是

---

〔1〕 林闽钢、尹航:"走向共治共享的中国社区建设——基于社区治理类型的分析",载《社会科学研究》2017年第2期。

构建共建、共享、共治的涉外社区治理新模式

"行政主导型模式",即通过"两级政府、三级管理、四级网络"与城市管理体制紧密联系在一起,这一模式主要依靠行政力量,强调自上而下开展社区管理和服务。这种过度的行政化必然导致政府对城市基层社会的代表性不足,自治功能难以实现。二是"政府分权与社区自治模式",也称为沈阳模式。重点是提升社区居委会的自主权。这一模式明确和规范了社区的各项权利,如还权于社区自治的民主选举权、社区决策权、日常管理权、财务自主权、摊派拒绝权、内部监督权;还权于社区对政府部门的监督权、对公用事业单位的监督权、对社区人大代表的监督权、对社区内党员的监督权;赋予社区协管权利等。三是武汉模式,侧重行政功能与自治功能互补,建立一种行政调控机制与社区自治机制相结合,行政资源与社会资源整合,行政力量与社会力量互动的社区治理模式。这一模式主要在依靠行政推动的同时,强调发挥社区自治的力量,形成自下而上开展社区管理和服务的路径。四是以深圳盐田为代表的"盐田模式"。根据"议行分设"理念,把原来长期由居委会承担的行政、自治和服务三种功能进行分化,把政府行政职能和公共服务功能从居委会中剥离出来,赋予社区工作站;把自治职能交还给社区服务站,同时由居民直选产生基层群众自治组织——社区居委会,由其履行自治功能,以此理顺政府与社区关系。社区服务站隶属于社区居民委员会,是为社区居民提供各种服务的功能性的民办非企业组织。这一模式在社区自治展开的基础上,充

小服务，大情怀：涉外服务的广州实践

分发挥社工和社会组织在社区的作用，自盐田模式起，各地开始探索多元共治的新格局。

二、"共建、共治、共享"，我国涉外社区治理的新模式

近年来，因我国改革开放的进一步深化，出现了一些涉外社区，这类社区居民构成多元、社区文化多样、社区居民传统习俗差异明显，导致这类社区的治理难度比较大。对这类社区的治理，需要动员一切社区力量参与其中。习近平总书记在党的十九报告中提出要探索"共建、共治、共享"的新社会治理理念，基于我国涉外社区的特点及治理难题，探索"共建、共治、共享"的涉外社区治理模式，是解决涉外社区治理的一种策略。

"共建"指共同参与涉外社区的建设，体现为多元主体的参与。具体来说包含两层含义：共建的主体是多元的，包括政府、企业、社会组织和社区居民；参与是共建的核心，即所有的主体特别是公民都应成为治理的一员，积极参与到涉外社区的治理中，这里的居民包括社区内中外居民。

"共治"，则强调各社区治理的主体，有权对社区各种公共事务进行管理，并采取联合行动来调和社区内不同利益主体相互冲突和不同的利益的一个过程。"共治"同样也包含了两层含义：一是治理主体的多元，二是治理主体治理社区事务的平等，三是社区治理的内容是社区公共事务，四是治理手段是协同协商策略。

"共享",即共同享有社区治理所带来的成果。包括社区物质成果的共享、社区公共利益、公共价值及公共文化的共享等。只有治理的主体能均等化地享有治理的成果,才能激发他们共建、共治的热情,也才可保障共建、共治、共享的涉外社区治理模式的可持续和健康发展。

"共建、共治、共享"的涉外社区治理模式,是一个互相关联、互为因果的有机整体,它突出了涉外社区治理主体上的多元一体、多元参与、多元共享。通过"共建",调动社区内各类组织和个人参与此类社区的治理,可保障涉外社区治理的主体在组织上的多元代表性和广泛性。通过"共治",引导涉外社区各治理主体参与到社区公共事务中来。通过"共享",使涉外社区居民和各治理主体均等共享社区治理的成果,从而实现涉外社区的和谐和发展。

三、"共建、共治、共享",涉外社区治理模式的实施对策

"共建、共治、共享"的涉外社区治理模式,作为一个系统,其实施需要各种配套的机制和平台。

(一)培育涉外社区治理主体,建立政府主导的多元化"共建"治理机构

在涉外社区的治理上,基层政府要扮演主导角色。明确党和政府在涉外社区治理方面的权责,明确基层政府和其他社会组织,以及群团组织在涉外社区治理上的边界。党和基层政府要尽职尽责,培育和孵化涉外社区多元治理的各类群

众自治组织,建立以基层党组织和基层政府为主导,调动涉外社区各主体参与治理的多元化治理机构。

(二) 建立涉外社区的"共建"治理机制

在涉外社区,搭建涉外社区治理的平台阵地,以及治理平台。如建立出租屋管理中心工作平台,以及外国人服务中心等阵地和平台,配合各级政府外国人管理部门,以及与公安、出入境、外事机构等的协同治理平台,打造涉外社区治理的跨部门、跨领域协同治理的共建工作阵地。

(三) 建立适合"共建"的工作机制

结合涉外社区治理的复杂性,要探索适合"共建"的工作机制。各级党委和政府要把涉外社区的治理工作纳入重要议事日程,整合社区资源,调动社区组织和群团组织参与涉外社区的治理,形成齐抓共管的工作格局。

涉外社区治理上的"共治",也同样需要一系列配套机制和平台,具体体现为:

1. 打造涉外社区治理的共治平台

涉外社区的共治,需要打造适合各治理主体的平台,例如来自基层政府的网格化平台,来自社区居民的居民议事会,来自辖区单位的联席会议,以及来自社区志愿者等自组织的协商会议等参与平台,以常态化地方便社区各治理主体的参与。

2. 提升涉外社区各治理主体实施"共治"的参与能力

基于涉外社区居民构成的多元社区公共问题的复杂性,

调动社区居民，共同协商和解决社区问题，更有助于此类社区问题的解决。因此，在涉外社区治理的内容上，首先要调动社区居民的参与，提高社区居民的议事协商能力，凡涉及外国人社区公共利益的重大决策事项，关乎中外居民的切身利益的实际困难问题和矛盾纠纷，尽量由社区党组织、基层群众性自治组织牵头，组织社区内居民群众协商解决。

3. 提高涉外社区各治理主体实施"共治"的问题解决能力

涉外社区由于居民构成多元等因素，族群间更容易出现各类问题。这些问题不利于外国人社区的治理，因此，在涉外社区的治理上，要引导和提高社区居民解决社区问题的能力、沟通协调的能力、矛盾化解的能力等。在社区发生族群间邻里矛盾和冲突时，及时化解，实现社区的稳定和和谐。

"共享"是"共建""共治"的目标，也是实现"共建""共治"的保障。如果涉外社区治理的各主体，不能在"共建""共治"后，均等化地享有社区治理的成果，则无法激发其公共精神，由此而挫伤其"共建""共治"的积极性。

1. 建立满足涉外社区治理主体的共享制度

实现"共享"是社会治理的终极目标，是共建共治的治理理念与治理模式的终极结果。也是人民群众获得感、满足感等实现的具体体现。"共享"的实现，需要制定体现公平的共享制度安排作为保障。只有建立起落实共享的制度，在公平的制度体系的引导和规范下，才能约束一些私利行为，才能最大范围地满足社区居民的获得感、满足感、认同感、归属感以及安全感。从而激发居民的公共精神和公益精神，创建起"人人参与、人人尽力、人人享有"的局面。

2. 建立促进共享实现的监督制度

共享的实现，除了建立相关的制度外，还需要建立相应的监督制度，以监督共享的实施落实。共享的实现，从整个社会来说，是最大化地激发了公共精神，公共精神是社会善治的灵魂和基石。当然，共享并非简单的平均化地占有。要实现共享，需要建立配套的监督机制来促进和引导共享目标的实现。

总　结

"共建、共治、共享"的社区治理模式，体现了国家对基层社区治理上的新理念、新方案。这一治理模式，充分考虑了政府、市场与民间社会在解决复杂社区时的协商和共同参与。在改革开放进一步深化的今天，基层社区的善治探索进入深水区，需要尽可能协调社区内不同群体的诉求，面对更艰巨的社区治理目标，也需要极大地调动社区内各主体共同参与建设、共同参与治理，并共享治理成果。只有这样才能有效解决纯市场化影响下人们私利行为泛滥，社区、社会公共精神匮乏，社会各群体只讲利益，缺乏社会公益及公共精神等现状。可以说，"共建、共治、共享"，不仅是实现涉外社区善治的治理模式，也是社会实现善治的新方案。

打造全球城市，统筹规划和营造涉外社区[1]

王 亮

【摘要】 全球城市也叫世界城市，相对于区域城市而言，是更有竞争力的城市类型。在世界城市排名中，广州近年来屡获佳绩，并因全球城市的特质吸引了越来越多的外国人，并形成了一些闻名海内外的涉外社区。涉外社区是广州作为全球城市的重要组成部分，统筹规划和管理好广州的涉外社区，是广州推动其全球城市建设的必然要求。

【关键词】 涉外社区；国家战略；全球城市

已公布的《广州市城市总体规划（2017-2035年）》中提及未来广州的发展会围绕"两个一百年"奋斗目标，落实

---

[1] 本文为国家社科基金一般项目："来华外国人适应的社会资本逻辑及对治理的启示"的阶段成果，项目编号：18BSH029。

国家和区域战略，谋划广州城市发展更高定位。突出全球视野、国家责任、广州特色，承接和传导"一带一路"倡议、粤港澳大湾区建设等国家战略，以及习总书记对广东"四个坚持，三个支撑，两个走在前列"的发展要求，打造独具特色、文化鲜明的国际一流城市的发展指示，科学谋划，提出广州城市发展的目标愿景为"美丽宜居花城，活力全球城市"。广州的城市性质是广东省省会，国家重要中心城市、历史文化名城，国际综合交通枢纽、商贸中心、交往中心、科技产业创新中心，将逐步建设成为中国特色社会主义引领型的全球城市。

按照广州市颁布的总体规划及城市定位，打造各具特色的涉外社区显然是广州成为全球城市的一个鲜明标志。涉外社区不仅是广州多元经济文化等因素交融的结果，更是广州包容并蓄、海纳百川的体现。目前，在广州已形成了一些外国人聚居集中的区域，其中，广州市越秀区小北地区，已成为国内外闻名的广州小非洲人社区。

一、贸易城市广州与其涉外社区

小北非洲人社区，形成于20世纪90年代，随着非洲商人开始在北秀大厦等周边商贸大厦进行频繁的商贸活动，小北地区开始聚集了越来越多的非洲人。由于非洲人的数量不断增多，小北地区不仅形成了数量众多的商贸批发城，也出现了大量的服务非洲人的餐馆、超市及休闲娱乐场所，甚至

打造全球城市，统筹规划和营造涉外社区

小北地区的文化景观也形成了非常鲜明的非洲族裔特色。醒目的阿拉伯文等店面招牌，非洲人餐馆里极富异国风情的装饰，社区类琳琅满目的非洲人的服饰，大大小小的便利店，食品店售卖的是非洲国家的调味品、食材等。无论是从事商贸活动的工作空间，还是生活、交往等空间，都无不带有明显的非洲族群印记。置身小北，恍然置身于非洲某国。

由于非洲人的聚集度比较高，以及服务非洲人的各类设施及空间的日渐增多，在一定程度上导致当地居民生活的不便利及其搬离，形成了事实上的占领和扩张。非洲人的大量聚居及小北非洲人社区的日渐成型，在方便非洲人的生活和工作等的同时，小北社区内开始出现大量灰色地带，贩毒、卖淫等犯罪行为频发，"低端化""罪恶之城"的标签也开始见之于一些媒体及公众认知中。广州也被戏称为"第三世界的首都""黑人之都"等名号，这些称谓也在一定程度上影响了广州在国内及国际的形象。

近年来，广州市警方开始加大对小北地区"三非"非洲人的清查。并对租住在小北地区的非洲人进行了准入限制，例如持6个月以上签证的外国人，才可在小北地区租住。根据广州市警方公布的数据显示，清查之后，小北地区的犯罪率降低至1.65%，社区治安明显好转。但整治的同时，小北地区非洲人开始减少，大量非洲人分散到广佛交界的金沙洲、黄岐以及佛山高明等地，形成一些新的聚居点。非洲人群的大量流动以及非洲人聚集地的分散意味着提高了管理的难度，加剧了潜在的地区犯罪风险。同时过于刚性的管理模式，也带来了很多负面影响。例如一些境外媒体不断发出广州在驱赶外国人、广州是世界上最不友好的城市之一等论调，这对于以打造全球城市为目标的广州而言，必然带来很多不利影响。因此顺应现实情况，探索和营造具有广州特色的涉外社区，助力广州全球城市的创建势在必行。

二、涉外社区现有治理弊端及可能问题

（一）郊区可能重新再生产出一些高聚居的非洲人社区

小北地区的非洲人社区的形成，既有小北地区独特的地理区位优势的原因，也有一些主观原因。随着小北地区非洲人社区的形成，以及完善的适合非洲人生活的各类社区设施，吸引了越来越多的非洲人。近几年，由于政府对小北地区非洲人社区居住群体的严格管理，大量非洲人开始向广州市郊区迁移，且迁移趋势越来越明显，假以时日，可能在广州市郊形成新的非洲人聚居社区。奥古斯丁（化名）来自刚果（金），来华已有十余年。之前和家人租住在小北地区非洲人聚居区，三年前，他和家人先是搬到番禺区居住，后来，又搬去了广州市花都区的富力金港城社区，据他说，富力那边房租比小北地区便宜很多。2500元就可以租到很不错的三居室，吃东西也比小北地区要便宜。目前，光是在花都的富力金港城一个楼盘，就有超过300多户新搬来的非洲人。据他说，在广州市番禺区的丽江花园，由于生活成本低，也有大

打造全球城市，统筹规划和营造涉外社区

量的非洲人。

尽管来华非洲人的收入利润比之前低了一些，但依旧高于流动前。因此，驱动他们跨国迁移的动力依旧存在，同时，促使非洲人社区生成的内在机理因素，将继续发挥作用。换言之，非洲人从小北地区迁移到其他区域，在其社区生成的内在机制的影响下，将必然在郊区重建类似于小北地区的非洲人社区。届时，我们可能将在广州城郊，在内地出现更多、更分散的非洲人社区，如果这一迁移和聚居是自发的，没有政府有效地、未雨绸缪地引导，那么，不久的将来的郊区将会从非洲人人口聚居区演变为类似小北地区的非洲人社区。

（二）市郊对涉外人员及涉外社区管控的难度更高

由于小北地区非洲人数量多，聚居密度高，已形成一个典型的非洲人社区。不可否认，这一地区也存在一定数量的"三非"非洲人。近几年来，当地政府和警方对小北地区非洲人的管控进一步加强，对于非法滞留的非洲人的处罚和管控常态化。组织有专门的涉外执法巡逻队伍，查验护照、签证，并通过辖区的出租屋，"以房管人"实现对高流动性的非洲人的有效管理。毫无疑问，这些严格的管控措施，对于非法滞留在小北地区非洲人社区的非洲人，起到了威慑作用，大量非法滞留的"三非"非洲人离开了小北地区非洲人社区，或者迁移到治安管控更弱的郊区，或者回国。但是，严格的管控，也给那些持有合法签证的非洲人带来一定的困扰。一些非洲人对于频繁的查验不胜其烦，也选择搬离市中心。

非洲人居住郊区化，以及可能出现的郊区非洲人涉外社区，将使我们对涉外人员及涉外社区的管理，面临更大的挑战。长期以来，我国城乡之间存在着二元的社会管理体制。相对于城市社区的精细化管理而言，乡村、城郊的社会管理更为粗放。治安盲点更多。伴随着大量高流动性的非洲人由城市中心向郊区的迁移，其监管难度可想而知，所带来的社会隐患更大。

（三）破坏业已形成的小北地区非洲人社区生态

小北地区非洲人社区自 20 世纪 90 年代形成以来，该社区已在国内外享有一定的知晓度。广州是我国的贸易中心城市和国际大都市，其城市定位和特点决定了来广州的外国人主要以贸易商人为主，流动性大、来源广。目前我国的非洲的贸易仍在快速增长中，国内去产能的压力依旧沉重，特别是轻纺等产品过剩严重，外贸出口压力大，这些客观条件都表明广州依旧将吸引包括非洲商人在内的各类跨国商人群体，也意味着在广州将存在一些外国族裔社区。基于此，政府关于此类外国人社区的治理，更应当是引导并与广州城市社会相适应，通过政府主导的引导和规划等，使其成为广州城市的独特名片，而非简单地通过严管使此类群体由城市中心向市郊外围扩散。

（四）推高了整个珠三角地区涉外管理的难度和成本

小北地区是非洲人在中国形成的具有高流动性和社会经济多样性的族裔飞地，是商业机会、贸易模式和居住成本共同决定的结果。广州市警方集中力量对自发形成的聚集区进行管理是最为节省管理成本的做法，但研究显示广州市地方政府采取激烈的手段使非洲人散居在城市中，以防止小北地区族裔飞地的形成；而且，不同城市地方政府执法措施的不同推动了非洲人从广州市迁移到佛山市南海区。散居现象的出现则扩大了管理的范围，需要有更多的警力去覆盖非洲人的居住点，直接提高了管理成本；更令人担忧的是，更多的非洲人会选择居住在管理控制相对薄弱的郊区以及其他地市，从而间接地提高了对"三非"的排查难度。

（五）不利于广州打造全球城市的城市发展目标

当前，随着我国改革开放的深入发展，来华外国人的数量快速增长，外国人来华的留居方式也由原来的短暂访问向长期居住转变，一些国内大都市，已开始由国内人口迁移形成的区域城市，向国际移民移入事实形成的全球城市转型。全球城市相比区域城市，具有更多的国际影响力、城市辐射力以及资源吸附能力。目前，我国四大一线城市，都明确树立了打造全球城市的新定位和发展目标。涉外社区是全球城市的必然标识，广州在全球城市的打造中，应直面业已形成的非洲人社区这一客观事实，加以规划、营造而不是破坏这一全球化色彩十分浓郁的社区。

三、对标全球城市,建设、营造富有特色的涉外社区的对策

为了回应广州打造全球城市的城市定位,展现全球城市多元社区的魅力,对于广州业已形成的一些涉外社区,应改变原有的严格管理的单一理念,结合广州的城市特点,统筹规划和营造成为标志全球城市的涉外社区。

(一)明晰政府主导职责,统筹规划涉外社区的文化景观

对于类似于小北地区的非洲人聚居区,需要由广州市政府发挥出主导作用。这类涉外社区的打造可从当前的"政府主导改造,民众被动适应"转变到"政府主导,社会力量联合改造"的统筹发展思路。一方面,在此类社区的总体规划和改造上,政府要处于一个绝对核心的地位,主导和总体规划此类社区的空间。在便利小北地区非洲人的生活的同时,要严格规定小北地区非洲人社区各文化景观的标准。在尊重小北地区非洲人的文化偏好的同时,对小北地区的店铺招牌文字的使用,要有严格的规定,比如招牌中中文、阿拉伯文及其他外文的比例,以中文为主,避免文化景观的完全异域化对本地居民所带来的负面影响。

(二)立足社区现实,统筹规划涉外社区的地理景观

结合小北地区的地理地貌,在充分调研小北聚居区的外国人的各类需要的基础上,结合城市更新,对小北地区的地理景观进行统筹规划,包括社区内各类涉外空间的外立面、

店铺及招牌装饰、市政道路、休闲空间等的修缮整饬。打造高端的"非洲风情一条街",通过创建优良整洁的地理环境,把小非洲社区这类涉外社区建设成为整洁、有序、富有异国风情的区域,吸引更多的游客前来参观、体验,补充本土旅游业、服务业的发展,提高在国际上的知名度。

(三)通过社区营造,打造族群和谐的涉外社区文化

涉外社区除了需要通过统一的市政规划,打造具有族群和谐的社区文化,既可以促进涉外社区的族群融合,也可以防止涉外社区空间的区隔和隔绝。涉外社区的空间形成主要包括了三个再生产过程:物质性的生产、符号性的生产和意义性的赋予。物质性的生产主要表现为此类社区的地理空间的再构建,符号的生产和意义的赋予则是族裔聚居区区别于本地社区的重要生产过程。随着族裔群体在异国他乡重建熟悉的类似母国的社区生活,它就为族裔群体营造了一种类似母国的文化氛围,延续了他们在异国他乡的文化身份,也创建出了一个可识别的族裔聚居区。[1]要防止涉外社区某一族裔将社区再造成为其族裔文化身份的标识,就要在打造涉外社区独特的物理景观的同时,着力营造融合的社区文化,防止此类社区成为事实上的"飞地"。

---

[1] Darko J. L., "Through the Lenses of the Ghanaian Immigrant Community in the Washington D. C. Metropolitan Area", Howard University, 2014, pp. 134~136.

（四）开发涉外社区独特的社区优势，服务广州的社会经济发展

由政府主导，吸引各类社会组织参与，结合涉外社区的独特优势，打造富有影响力的社区品牌。例如，动员社区不同国家的外国人，常规性联合举办异国风情活动，成为广州多元化城市文化的品牌之一。挖掘涉外社区不同国家的饮食文化、传统文化等，形成广州饮食文化等文化体系中独具特色的组成部分等，吸引广大游客了解和体验，形成多元文化体验及文化旅游等产品，丰富广州现有的旅游资源。

总之，广州市相关职能部门不应该对广州业已形成的非洲人社区采取简单的碎化等措施，事实也证明，政府对这类社区采取简单化的驱赶、碎化等手段并未导致非洲人社区的衰落。事实上，从20世纪90年代小北地区形成了非洲人社区至今，小北地区的非洲人社区不仅未衰落，反而由地理空间的再造向文化社区演进。因此，政府应转变对此类社区的治理理念，由驱动、碎化向打造国际化涉外社区转变。并通过积极主动的营造，使此类社区服务于广州的城市社会经济发展。

加强对来华外国人群体传染病疫情防范的建议

王 亮

【摘要】 全球化背景下的传染病疫情具有突破一国边界形成全球大流行的趋势。传染病疫情在全球化背景下不仅引发全球公共卫生风险,也易引发其他危机甚至全球安全危机。加强对全球范围内跨境流动人口的管理,是全球化时代我国防范传染病疫情扩散的重要举措。

【关键词】 外国人;传染病疫情;防范对策

在全球化的今天,全球范围内的人口迁移和流动日趋频繁。资料显示,目前全球移民群体的数量已占全球总人口的约3%,总计约21亿人,这一数字已超过许多大国的人口总数。全球范围内日益庞大的国家间人口流动,使传染病病毒极容易冲过一国边界而形成全球性的大流行。人口的跨国别流动对流入国的公共卫生安全带来潜在地威胁,特别是国际人口在不同风险环境之间的往复转换对流入国的传染病防治带来更大地挑战。根据我国出入境管理局公布的数据显示，2016 年，外国人来华人数达 7630.54 万人次，加强对来华外国人群体的传染病疫情防控，既保障了我国公民的生命健康安全，也保障了我国社会的整体安全。

一、广州加强对跨境人口疫情防范的迫切性

广州历史上就是我国对外贸易的重要口岸，今日的广州已成为我国重要的全国性贸易中心城市，世界一线城市，区域性的交通枢纽中心和航运枢纽中心，得益于广州繁荣便捷的贸易环境，吸引着来自世界各地的人。数据显示，近年来在穗外国人一直在持续增长，2016 年广州白云机场口岸年接待来访外国人 457.92 万人次，在全国所有出入境口岸中仅次于北京、上海，位列第三名，全市范围内外国居民超过 200 人的社区有 75 个之多，日均实有外国人数量在 8 万至 12 万之间。当前，暴发于 2020 年初的新型冠状病毒肺炎疫情依旧在世界各国蔓延，我国在付出巨大的代价后疫情才得以缓解，但由于全球人口的流动，当前我国存在着疫情输入的威胁。广州作为外国人入境比较多的城市，加强对跨境人口的疫情防范，十分迫切。

首先，加强对跨境流动人口的疫情防范，才可巩固我国来之不易的疫情控制结果，防止疫情倒灌和二次扩散。全球化背景下国与国之间人口交流和往来日趋频繁，从而使包括

加强对来华外国人群体传染病疫情防范的建议

传染病在内的许多风险都容易扩散到全球,可以说,传染病的全球扩散和全球流行是全球化浪潮的必然产物。但由于各国对传染病疫情治理的差异性,从而使各国在全球化时代,面临着由于国际人口迁移而几乎不可能彻底控制或消除疫情的风险。自新冠肺炎疫情最先在武汉暴发以来,广州各界齐心协力,疫情得到了很好的控制,然而,随着跨境人员的入境数量增多,自3月15日第一例境外输入案例起,短短20余日,境外输入广州的病例达127例,占广州总累计病例的近30%,导致广州重新出现了社区感染,以及疫情防控的二次传播,如图1所示。

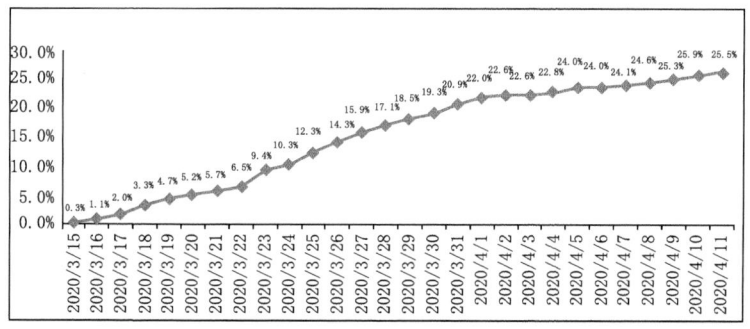

图1 广州市2020年境外输入病例占总比例比

其次,加强对跨境人口的疫情管理,才可保护广州的医疗资源的健康发展。在当前日益全球化的世界,一个国家内面向国民的医疗卫生资源,由于全球人口的频繁流动,将不得不在满足本国居民的卫生健康需要的同时,还不得对跨国迁移人口提供包括识别、诊断和传染性疾病管理的挑战。广州作为全国性的贸易热点城市和国家中心城市，其医疗资源不仅需要满足居民的需要，还需要应对来自国内的流动人口以及国际跨境流动人口对医疗资源的需要，医疗资源面临多重压力。传染病疫情在全球发展的差异性，将使得像广州这样的全球城市的医疗资源，面对国别差异、族群差异下传染病疫情的控制，其挑战和压力不言而喻。

最后，加强对跨境人口的疫情管理，可防止引发其他涉外危机。广州的外国人构成十分多元，既有在华适应良好的外国人，也有大量受教育程度不高、语言交流存在困难、难以适应广州本地社会的外国人。因各国文化及卫生防疫的差异，一些跨境外国人对于传染病疫情存在轻视等现象。我国卫生防疫部门面向外国人的防疫举措也面临着被曲解、被妖魔化等现象，也容易被境外一些敌对势力或敌对国家借题发挥，损坏我国的国际形象，危害我国的对外事务。针对近期广州出现的尼日利亚籍新冠病毒感染者，广州当地卫生防疫部门积极采取措施帮助病患者，反成为各路仇视中国、诋毁中国的境外势力的素材，一些国家也借此对我国勒索敲诈，歪曲丑化我国的国际形象，栽赃抹黑我国的对外交流，令国蒙辱。

二、广州市当前跨境人员疫情防范中存在的问题

自 2020 年初武汉首先暴发新型冠状病毒肺炎疫情以来，

加强对来华外国人群体传染病疫情防范的建议

在国家和社会各界的努力下疫情得以缓解，截至2020年3月14日，广州已连续10天无新增病例，新冠疫情控制形势良好。然而自2020年3月15日起，广州出现首例境外输入案例，截至2020年4月10日，短短20多日新增境外输入病例127例，占广州总病例的三分之一多。广州当前面向跨境人员疫情防控存在以下问题：

第一，没有结合《国境卫生检疫法》，以及广州主要外国人来源国别，制定更详细可操作的来穗外国人卫生防疫体系。此次新型冠状病毒肺炎疫情的全球大流行再一次说明全球化背景下公共卫生危机具有很强的全球关联性。对于跨境流动人口的疫病防控，出入境检验检疫部门负有艰巨的任务，然而现实是一些疫病由于潜伏期的原因很难及时发现，此外，出入境疫情检验也会令一些跨境旅行者隐匿疾病，干扰疫病的及时发现，因此需结合我国颁布的《国境卫生检疫法》以及广州的现实，制定更具前瞻性、系统性的来穗外国人公共卫生管理条例，做到有法可依、有法可据地预防包括新型冠状病毒肺炎疫情在内的卫生疫病在广州的传播。

第二，没有从全局高度制定针对疫情的一致性防控举措。在对疫情的输入防范方面，广州市一开始并没有从全局高度确定一致性的疫情防控举措。3月15日广州市第一例境外流动人员输入性病例出现后，3月17日广州市开始对入境人员采取居家或集中隔离医学观察14天的防控措施，3月19日零时起开始对入境人员全部进行免费的核酸检测，3月27日起对入境人员进行全部集中隔离医学观察,全部进行核酸检测,可以看到由于防疫举措未能针对疫情一开始就制定统筹一致的防御体系,导致境外人员中疫情防控存在漏洞。此外,针对来穗外国人的疫情防范指引也存在滞后。如为了抗击本次新冠疫情,广州开发了"穗康"小程序,但我们志愿者在广州外国人服务中的实践发现,许多在穗的非洲人群体反馈说因为该小程序是中文,他们看不懂,无法使用该程序,例如预约口罩等服务。在我们向有关部门反馈后,该程序才于3月中旬补充了多语种,可见广州早期针对在穗外国人的疫情防范宣传确实存在一些不足。

第三,入境外国人进入社区后的疫情防控存在盲点。全球化背景下,由于各国卫生保健的发展不均衡,一些在我国已经消灭和得到控制的疫病,在一些国家因病毒变异,卫生健康落后而长期存在。如脊髓灰质炎、腮腺炎、疟疾、麻疹等传染病,这在我国都是已有效控制的传染病,然而在非洲及南美一些国家却长期存在。全球化背景下跨境流动人口的疾病防控,不能仅依赖于出入境检验检疫部门,入境外国人所在的社区,是做实做好跨境流动人口传染病疫情防控的主阵地。然而现实是在广州外国人聚居超过200人的社区就有75个,但只有为数很少的社区配备面向外籍人士的社区工作人员。由于未配备面向外籍人士的专业社区工作人员,导致卫生防疫人员无法及时在外籍人士中开展疫情检查。

第四,缺乏和入境外国人国家驻广州的使领馆等机构合作抗疫。全球化背景下公共卫生风险的全球化，使整个国际社会的卫生安全成为一个不可分割的整体，只有加强国际合作，才能控制传染病疫情的全球扩散。基于此，应树立团结各方力量共同抗疫的理念。来华的部分外国人，由于各种原因，对我国政府制定的相关政策措施存在误解，导致在疫情防控上松懈。政府应当及时和驻穗的外事机构加强联系，通过外事机构以及外国人社团领袖等对其所在国入境外国人进行宣传，配合广州市面向出入境人员的疫情防控，对于社区层面出现的不遵守疫情防控的外国人，保留证据，及时通知与当事外国人相关的外国使领馆负责人，防止被一些反华势力借题发挥诋毁我国。

第五，对入境外国人的疫情防控，缺乏服务外国人的志愿社团等社会组织的共同参与。西方国家的媒体和政府对我国政府的抹黑和歪曲一直存在，由此导致一些来华外国人对中国政府抱有不少偏见，当一些危机发生时，政府工作人员的正常工作职责极容易被歪曲解读。

三、加强和改进跨境人员疫情防范的主要措施

当前广州在新冠传染病毒肺炎疫情防控上出现越来越多的境外输入病例，广州市政府应结合广州在境外人员疫情防控上的不足，采取以下举措：

第一，结合来穗外国人的国别，制定适合广州市的境外人员公共卫生疫病检疫数据库。传染病疫情的全球化是客观

现实,因此,要针对来穗外国人的国别,建立检验及疫病防控的传染病谱,结合传染病谱数据库开展包括入境检验检疫、入境后疫病检测等系统化的防御措施。在居住社区的健康备档,社区卫生服务中心的定期健康监测,建立以预防先行的面向境外人员的常规化健康监测制度。要充分意识到全球化背景下疫病风险的全球扩散性,跨境流动人口对一国或地区公共卫生的破坏性,结合广州主要来穗外国人的国别,建立各类型传染病谱防治的数据库。

第二,针对全球化背景下公共卫生防范的严峻形势,充实和加强出入境检验检疫工作人员的数量和业务能力。全球化背景下,国际旅行的速度和旅行的广度等往往使一个国家或地区的出入境疫情检验检疫面临很大地挑战,一些跨境流动人员的频繁的迁移,加上一些疫病的潜伏期长等因素,都影响着边境检验检疫部门对入境人员疫病的检测效果。因此,需要组建包括公共卫生检验防疫,跨国别公共卫生信息追踪在内的专业人才队伍,应对全球流动下跨境人员的疫情检测。

第三,强化涉外社区在跨境流动人员疫情防控上的职能。在广州市所有的外国人聚居的社区,应建立服务外国人群体的社区工作站,配备包括社工在内的涉外社区工作者,通过为外国人提供服务及时掌握来穗外国人的动态,实现对来穗外国人的有效管理。当前我国面临着复杂的国际环境,加之自媒体时代信息发布的随意性,对我们外籍人士管理提出了新挑战,一定要依托外国人聚居区的涉外工作人员的服务来化解一些危机，依托服务来落实政府对外国人的管理。

第四，孵化和培育服务在穗外国人的社会组织和志愿社团，配合政府部门对来穗外国人的管理。全球化使包括公共卫生在内的许多危机都形成全球化发展。可以说，全球化时代的任何风险和危机都更可能演化为全球风险，因此，全球化时代更需要全球合作和全球治理。然而近年来，全球化的发展不但没有使全球各国统一行动、实施全球治理，相反，我们看到部分国家的国家边界、民粹主义却在兴起，从而使全球问题的全球治理遭遇挑战。针对全球问题，民间组织由于其非政府性、公益性、志愿性等组织属性，在关乎全球治理、全球问题的解决上，更易于形成境外合作的优势。因此，在当前，政府要积极孵化一些社会组织，参与关涉全球性议题的行动及治理。此外，社会组织参与对来穗外籍人士的治理，使社会组织和志愿社团成为协助管理外国人的第一线，也可为政府解决涉外事件和问题提供缓冲。

第五，加强与来穗外国人输出国相关部门的合作，共同预防和抗击疫情。全球化背景下的流行病防御，需要各国的共同参与。因此，在对入境人员的健康信息检疫上，需要与跨国流动人口的流出国携手，共同构建合作共赢的防范公共卫生危机的合作伙伴关系，同心打造防范公共卫生安全的责任主体和命运的共同体，推动传染病防治的全球合作和全球治理。

第六，建设高素质的涉外执法队伍和涉外服务队伍，以回应全球化背景下日益增多的跨境流动人口的疫情防控。世界各国间因文化差异，不同国别人群在互动中存在潜在的风险。如一些来华外国人由于文化和习俗的差异，对我国卫生检验执法人员的一些正常执法行为会产生误解，甚至发生矛盾和小冲突，这些事件又在境外敌对势力的推波助澜下进一步发酵，从而给我国的对外交往带来了消极影响。因此，为有效对涉外人员进行管理，需要培养熟悉外国文化和习俗的工作人员，避免交往中发生跨文化冲突等事件，减少管理中的风险。

总之，在全球化背景下，越来越多的国际人口的流动，不仅对我国的公共卫生和公共卫生服务需求带来了严峻地挑战，也容易引发其他非传统安全风险。加强对境外流动人口的疫情管理，既是公共卫生安全的需要，也是国家治理安全的需要。

关于疫情时期加强和改进涉外社区管理的建议

王 亮

【摘要】 全球化时代，任何风险都更容易突破国家边界而波及世界。传染病风险是威胁人们生命健康的一类风险，传染病风险在全球化时代的防范，已不再是公共卫生事件，而是全球安全和全球治理的重要组成部分。我国的涉外社区是全球化的产物，在当前的公共卫生风险中，加强对涉外社区的管理尤为重要。

【关键词】 传染病疫情；涉外社区；防治对策

2019年底2020年初，一场来势凶猛的新型冠状肺炎疫情，首先暴发在武汉并迅速肆虐全国及世界。截至3月底，全球受感染人数已超过90万人，死亡人数逾5万多。在全球化的今天，国与国的联系愈加密切，全球范围内的人口流动十分频繁，传染病病毒极容易冲过一国边界而形成全球性的大流行。换言之，传染病疫情的全球流行，是20世纪70年代中期开始的全球化浪潮的必然结果。全球化背景下的传染病疫情防治，对于每一个国家，都面临着新挑战。在抗击全球化背景下的传染病疫情的战斗中，一个国家内高度全球化的区域如涉外社区则面临着更为艰巨的任务。

一、疫情期间广州加强对涉外社区管理的重要性

广州作为一座具有2000多年历史的古城，历史上就是我国对外贸易重要口岸，外国人在广州定居的历史最早可追溯于隋唐时期的阿拉伯人、波斯人。中华人民共和国成立后，闻名世界的广州交易会是我国和世界经贸往来的窗口，今天的广州，已成为全国性的贸易中心城市，世界闻名的全球城市和世界一线城市。根据2017年的出入境数据，在穗外国人同比增长约7%，全广州范围内，外国居民超过200人的社区有75个之多，其中也不乏外国居民数量超过万人的社区。涉外社区是促进广州经济、社会和文化持续发展的动力源之一，但涉外社区也是广州防范和控制传染病疫情最复杂而又脆弱的区域。

第一，涉外社区是全球化时代防范传染病疫情全球扩散的重镇。传染病的扩散，除了病毒本身的因素外，个体的社会流动网络会加速病毒的传播。涉外社区的人员构成具有多国别、多族群的特点，社区居民相比本地居民，流动性更频繁，流动范围也更广阔。以我们在广州市越秀区小北地区非

洲人聚居社区的调查为例,由于工作的缘故,非洲人无论在珠三角范围内,还是跨境流动的频率都高于本地居民4.2倍。一旦传染病疫情在涉外社区开始传播,那么病毒将很快会随着涉外人员的国际迁移而同步扩散到世界各地。

第二,涉外社区是阻断传染病疫情在我国输入及传播的主阵地。由于国与国联系的紧密,当今时代世界上任何一个角落发生的传染病,都可经由各种途径跨境传播,须臾松懈就会酿成一场公共卫生灾难。据联合国世界卫生组织的数据显示,近年来暴发的一些病毒大都造成了全球性的传播。艾滋病、SARS、埃博拉、禽流感、MERS、甲型H1N1流感、寨卡病毒、猪链球菌病以及今年暴发的新型冠状肺炎病毒,概莫能外,都形成了一定的全球传播。广州涉外社区数量多,外国人构成复杂,跨境商人群体数量众多,流动更频繁,广州市白云机场口岸年接待来访外国人457.92万人次,在全国所有出入境口岸中仅次于北京市、上海市,位列第三名,加强对广州的涉外社区公共传染病风险的管理和防范,不仅关涉到广州市1400多万本地居民的公共健康安全,也防止疫情因为外国人的跨境流动而扩散到境外。

第三,涉外社区的传染病疫情防控可防止疫情引发的其他风险。全球化时代传染病疫情更容易出现"跨地域""跨国别""跨族群"及"系统性风险"等特点。近年来多个传染病扩散的事实证明,全球化背景下的传染病疫情防治,早已超出了一国的公共卫生安全而成为全球公共卫生安全问题,在许多国家,甚至因为传染病疫情而引起其他社会风险。传染病风险这种全球大流动,不仅严重威胁着全球各国民众的生命健康,也严重影响着全球经济的正常发展,也可能酿成一国乃至世界的系统性风险。全球化背景下的涉外社区关于传染病疫情防治,其重要性已远远超出了一个国家公共卫生事件防范的范畴。

第四,我国的涉外社区是国际多种势力和各种风险汇集的"风暴眼",涉外社区的疫情防控,也避免敌对国家借题发挥,捍卫我国的国际声誉。由于涉外社区人员构成的国际性,极容易被境外一些势力或风险波及,从而危害我国的国家安全和社会稳定。此外,涉外社区的管理中稍有不慎,极容易引起族群之间,甚至国家之间的误会和冲突,也容易被一些仇视我国的国家用于作为攻击我国的靶子和证据,丑化我国的国际形象,损害我国的国际软实力。广州作为全球一线城市,面对越来越多的涉外社区,探索有效的涉外社区管理,任务艰巨。

二、广州市涉外社区防范传染病疫情管理存在的问题

全球化时代下的传染病疫情给人类带来了巨大影响,涉外社区是全球化时代一国防范传染病疫情的重要阵地。然而,广州在当前疫情背景下,在涉外社区的管理方面存在以下问题:

第一,未结合广州涉外社区多,外来人员构成多元的现

实，制定适合广州城市特点的社区传染病防控机制或模式。全球城市必然伴随着更大规模的跨国流动和越来越多的涉外社区，因此，在传染病的防控上，要充分考虑在穗外国人的特点，制定适合广州市的传染病社区防治机制和模式。例如由于大规模接种疫苗，许多在我国已消失的传染病，但在一些欠发达国家和地区仍长期存在，一旦病毒变异并随着跨国迁移流入我国，将给我国居民的生命健康带来威胁。

第二，涉外社区应建立起系统的面向外国人的卫生健康数据。在穗外国人构成多元，既有一些有稳定的职业的外国人，也有大量的外国商人，由于这部分群体流动性很大，只有不足一成的外国人在我国购买了医疗保险，导致当地涉外社区管理部门很难掌握社区外国人的医疗健康状况。任何传染病疫情的防控，都是建立在对社区居民健康信息充分了解的基础上的，由于相关政府管理部门缺乏这些居民的健康信息，一旦有传染病疫情，社区将面临很大的风险。

第三，涉外社区应建立起防范各类型风险的社区风险预警体系。涉外社区，由于居民构成的复杂，往往是社区治理中更具风险的社区。这些风险不仅包括传染病等公共卫生风险，也包括其他类型的风险，如政治风险、社会风险、经济风险等。这些风险给我国的社会安全带来挑战。因此，应充分认识涉外社区的复杂性，未雨绸缪，建立防范各类型风险的社区风险预警指标和体系。

第四，涉外社区缺乏面向外国人的完善的社区服务支持。

涉外社区不仅是风险高发的社区，相对于本地社区来说，由于居民亲友支持网络的断裂，在移入国的社会支持网络也比较脆弱。一旦出现传染病疫情，这些居民相对于本地居民更容易陷入困境，引发其他危机。笔者在今年二月底接到一个紧急求助电话，求助者是一位现居住在小北地区的马里籍妇女，她的丈夫在一月初回国了，因一月底我国暴发了新冠肺炎疫情，一直无法及时返回，她和三个孩子已没有饭吃，她反馈说因广州执行了严格的居住隔离，她没办法到教会去寻找食物支持。在我们的及时反馈下，这户外籍家庭的生存问题才得以解决，避免其他次生风险的发生。

第五，涉外社区的治理应树立全球治理的思维，加强与来穗外国人所在国及驻我国领馆的联系。全球化背景下一个国家的公共卫生风险，极容易演变成全球性的公共卫生风险，同时，全球化背景下的公共卫生危机，也可能会因为疫情扩散而引发其他的风险，换言之即容易形成系统性风险，破坏性更大。这也使得全球化背景下的公共卫生风险，往往会超越某一国家，或者一国的卫生领域，而成为全球安全、国家安全的议题。因此，在涉外社区的治理中，要改变思路，面对公共卫生危机，要与外国人来源国加强联系，协同作战，树立全球治理的思维和对策，积极合作共同应对，从而避免被一些不友好国家诬陷和指责。

关于疫情时期加强和改进涉外社区管理的建议

三、加强和改进涉外社区传染病疫情管理的主要措施

在人类历史发展的长河中，传染病疫情一直如影随形，威胁着人类的生命和健康。特别是全球化的今天，传染病病毒的扩散速度更为惊人。基于涉外社区在防治传染病疫情方面面临的更多风险，要求我们在涉外社区管理上要高瞻远瞩、统筹规划、抓住时机、转危为机，使广州市的涉外社区持续健康发展。

第一，立足广州市本地居民和外籍人口的卫生健康需求，制定包括来穗外国人在内的公共卫生规划和相关法规政策。全球化背景下国际人口流动，对一个国家或地区的公共卫生安全提出了越来越大的挑战。通过对来穗外国人制定适合的公共卫生安全规划和相关法律法规，为防治疾病输入提供指南，也使得我们对来穗外国人的健康卫生监控有法可依。

第二，对入境外国人，建立多级的卫生检查防控体系。包括入境健康申报卡、入境公共卫生检查、居住地社区卫生服务中心体检及健康信息建档，以及入境人员医疗保险号等多层次防控。对来穗外国人进行分类管理，针对不同类别，采取相应的卫生防控措施。特别是对于那些流动十分频繁的外国人，居住社区的卫生服务中心要随时跟进，确保对公共卫生事件可防可控。

第三，在涉外社区，建立以服务为主、管理为辅的下沉式管理机制。及时准确地掌握涉外社区外国人各类风险，及

时通过服务化解和防范各类风险和危机。这种下沉式管理机制主要包括街道、居委会、涉外社工站等服务提供者,通过服务来达到有效管理的目的。

第四,鼓励和号召民间组织和非营利机构参与到涉外社区的外国人服务中来,协助政府共同做好对各类涉外社区的风险防范和治理。由于国际敌对势力对我国政府的污名化,一些外国人对我国的各级政府抱有不友好态度,可以培育和发展一些民间机构,协助政府实施对涉外社区的管理。

第五,未雨绸缪,结合广州市涉外社区特点,建立包括防范公共卫生风险等多类型危机的预警管理体系。当前全球政治复杂多变,国际上许多不稳定因素,也容易波及我国的涉外社区。同时,当前全球化背景下的风险往往有进一步扩散为系统性风险的危险。因此,要结合当前我国社会经济建设关键期的现实,在涉外社区,建立面向多类型风险的预警管理机制。包括可以识别风险征兆的预警机制;风险暴露后可以进行科学预测和判断的机制;发生风险后的应急反应机制;资讯及风险疫情披露和公布机制等。

第六,主动积极与外国人移出国建立密切联系,共享外国人的公共卫生信息,与流出国携手,共同构建合作共赢的防范公共卫生危机的合作伙伴关系,同心打造防范公共卫生安全的责任主体和命运的共同体,推动传染病防治的全球治理。

总之,在全球化的今天,国际人口迁移数量已超过世界总人口的3%,国际人口的流动,不仅对流入国的公共卫生和公共卫生服务需求带来了严峻的挑战,也使得传染病疫情更容易发展为全球化大流行。国际人口聚居的涉外社区,是新形势下我们防范包括传染病等风险尤其需要关注的区域。

后　记

2019年10月，我很荣幸被邀请加入了"广州市开心社会工作发展中心"，作为日常专业督导和中心理事，参与到社会组织中的各项工作，见证了这一年来中心提供的个案、小组、社区服务和政策咨询，感受到了社工组织在工作中的种种艰难，更由于此，甚是敬佩王亮博士带领的社工团队以专业的态度、奉献的精神，积极主动从事着"让外国人更好融入广州的"各项服务，助力政府实践精准的"中国之治"。

作为移居广州有20年历史的东北人，我可以说是一个地道的本土移民，我喜欢广州，这个城市亲切、自然，让人在这里生活，没有太多违和感。我的孩子也出生在广州，她从不觉得自己是外地人，更时常标榜自己是"广州人"。除了国内这些本土移民，随着全球化时代的到来，广州还迎来了世界各地的外国人，他们或是为了工作，或是为了生活，怀揣梦想，远来万里之外的广州。如何在全球化与跨境时代治

后 记

理好来自外域的迁移者,处理好这种复杂的"陌生人社会"的治理难题,广州市政府通过"引入社会组织,以服务实施治理"的模式,在不断探索中希冀提供更好的社会服务。

广州市开心社会工作发展中心承接广州市越秀区政法委的外国人专项服务工作已有多年,获得服务对象和政府的积极评价和高度认可。如何让这些跨国迁移者更快更好地适应、融入、融合进广州这个大家庭,是中心理事、督导、各位社工多年来思考的工作主题。

本书是多年来这项工作主题的浓缩和精华,希望借此书,一是对开心社工发展中心自身而言,总结和凝练各项服务的经典类型,将理论和实证经验相结合,为未来工作的专业发展奠定良好的基础;二是对社会工作的专业发展而言,通过案例形式有代入感的叙述,书写社会工作专业服务的精彩与艰辛,提供社会工作实践的可操作指南;三是对政府治理的理论和实践而言,了解社会组织专业服务的过程,发现治理合作的各种可能,聚焦政府治理实践中的细节和过程的展演;四是对国内外大众的理解和体验而言,聚焦这些跨国迁移者在广州的生活,发现跨文化中"他者"和"自我的"相互关照,理解全球化"陌生人社会"中的文化调适,强调和谐共生的社会服务与互惠精神。

在中心工作一年有余,我亲自见证了这些服务是如何在中心的理事和社工的精密安排和组织下得以顺利完成的。为此,要衷心感谢广州市开心社会工作发展中心的理事长王亮博士，尽管 2020 年 1 月以来，她身陷疫情中心的美国，仍通过互联网监管着中心的各项工作，全情奉献，为政府部门撰写了多份有关外国人服务的咨询报告，以身作则，带领中心各位理事和社工以积极的态度、卓越的干劲投入工作之中；感谢开心社工中心主任王海戈，凭借多年的工作经验，热忱的服务态度，积极链接外国志愿者和国内的各个机构，为服务工作撑起了一片天，搭建了个案服务、小组服务和社区服务的框架，使中心的多项服务得到外国人的高度认可；感谢开心社工中心的各位社工：邓卓芸、邓袭芳、植盈盈、邓冠婷、唐夏依、于嘉怡、蒋何昕、陈鑫、孔俊铿，在做个案、小组和社区服务时，他们用真挚的感情、诚恳的态度、吃苦耐劳的精神和专业的服务质量，让外国人感受到了我们服务的"真心"，看到了广州这块热土上的可爱的人，更积极主动的融入社区、融入广州。

2020 年已近尾声，疫情仍在全世界蔓延，给国际经济合作带来困难，但也反映出加强国际合作的重要性。正如习近平主席 11 月 10 日在上海合作组织成员国元首理事会第二十次会议上的重要讲话所言，当前形势下，"加强抗疫合作，构建卫生健康共同体"；"维护安全和稳定，构建安全共同体"；"深化务实合作，构建发展共同体"；"促进民心相通，构建人文共同体"。人类是休戚与共的命运共同体，在疫情面前没有人能独善其身。

我们中心仅是一个小小的社会组织，但也愿意提升自己，

后　记

做好专业本职工作，在社区基层治理中奉献自己的微薄力量。本书作为一个小小的尝试，未来我们将继续努力，做好服务，提升治理质量，在我国治理体系现代化中做好尽职尽责的螺丝钉！

熊美娟

2020 年 11 月 20 日